AF176674

Vera Anna Besl

Hinfallen,
wieder aufstehen,
weitergehen.

… Mein Leben mit der Angst.

Autobiographie

Impressum

Bibliografische Information der Deutschen Nationalbibliothek:
Die Deutsche Nationalbibliothek verzeichnet diese Publikation in der Deutschen Nationalbibliografie; detaillierte bibliografische Daten sind im Internet über http://dnb.dnb.de abrufbar.

Herstellung und Verlag: BoD – Books on Demand, Norderstedt

ISBN: 978-3-7568-0250-0

Das Unerträgliche erträglich machen.

Nicht müde werden, sondern dem Wunder leise
wie einem Vogel die Hand hinhalten.

Hilde Domin

Für meine Tochter Laura,
die für mich ein Wunder ist.

Vorwort

„Es gibt keine größere Qual, als eine unerzählte Geschichte in dir herumzutragen".

Dieses Zitat stammt von Maya Angelou (1928-2014). Sie war eine US-amerikanische Autorin, Professorin und eine der wichtigsten Personen der afroamerikanischen Bürgerrechtsbewegung. Im Alter von acht Jahren wurde sie vom Freund ihrer Mutter vergewaltigt.

Der drohte damit, ihren Bruder zu erschlagen, wenn sie jemanden davon erzähle. Doch sie erzählte es ihrem Bruder. Der Bruder ging zur Polizei. Der Täter wurde zu einer lächerlichen Haftstrafe von einem Jahr verurteilt. Kurz bevor er die Strafe antreten sollte, fand die Polizei ihn erschlagen. Maya wurde stumm. „Die Kraft meiner Worte führte zu jemandes Tot", schrieb sie später. Und sie blieb stumm. Ganze vier Jahre lang sagte sie kein einziges Wort.

Eine Freundin der Familie, von Beruf Lehrerin, nahm sich ihrer an und versorgte sie mit Büchern. Sie liebte die Poesie. „Nein, du liebst sie nicht", sagte die Freundin, „so lange die Poesie nicht aus deinem Mund kommt." Das bewegte Maya, wieder zu sprechen.

Sie begann, Worte für Gutes zu nutzen und erlangte später als Schriftstellerin Weltruhm.

Auch ich blieb stumm, war sehr schüchtern und hatte Angst vor Menschen.

Sehr spät erst konnte ich loslassen was mich stumm gemacht hat. Ich möchte, dass meine Tochter Laura erfährt was mit mir geschehen ist und wer ich heute bin, damit das Schweigen nicht in die nächste Generation weitergegeben wird. Das ist meine Motivation dieses Buch zu schreiben, auch erhoffe ich mir, dass ich durch das Schreiben meine Geschichte besser verstehen und einordnen kann, und vielleicht kann auch der Leser etwas mit dem Buch anfangen, das würde mich sehr freuen. Wie mit einem Buch beginnen?

Was sind eigentlich Erinnerungen? Kommen sie aus meinem Inneren heraus und kann ich das überhaupt?

Das waren Fragen mit denen ich mir zu Beginn des Buches oft schwer tat. Ich entschied mich anfangs, unprofessionell ohne Konzept zu schreiben, was mir Sicherheit vermittelte. Wichtig ist das Dranbleiben. Auch die Überlegung was ich aus meinem Leben erzählen möchte oder wo ich mich schützen möchte, war eine Herausforderung.

Ich entschied mich bei der Wahrheit zu bleiben. Es sind meine heutigen Erinnerungen und die Bilder die ich in mir bewahrt habe. Es geht mir beim Schreiben meiner Geschichte nicht darum, Schuldige für das, was geschehen ist zu finden. Sondern Antworten auf die Fragen, wie konnte es soweit kommen und wie lebe ich heute damit, zu finden.

Viel Mut beim Lesen!

1

Die Diagnose Osteoporose, die ich 2015 durch Zufall erhielt, traf mich wie ein Blitz. Zum ersten Mal nahm ich war, dass auch ich verwundbar bin. Bisher war für mich gesund zu sein ganz selbstverständlich und ich stellte dies nie in Frage. Zwei Monate zuvor hatte mir eine Bekannte erzählt, dass man bei ihr Osteoporose diagnostiziert habe und sie sich Sorgen mache. Ich tröstete sie und nahm es nicht so tragisch, mir kann so etwas nicht passieren, ich bin beweglich und mache viel Sport dachte ich. Weit gefehlt. Für mich war die Diagnose ein persönliches Versagen, was mir nicht unbekannt war, aber nicht in dieser Form.

Die Ärzte machten mir Angst und sprachen von einem Knochenschwund. Allein dieses Wort war für mich wie ein Todesurteil. Mir wurde dringend geraten, ein Medikament einzunehmen, das einen Wirkstoff aus der Gruppe der Biosphonate enthält. Nach meinen Recherchen verwendet man dieses Medikament im letzten Stadium einer Krebserkrankung. Eine Nebenwirkung kann eine Kiefernekrose sein. Das alles machte mich sehr panisch. Total verunsichert entschied ich mich für eine gesunde Ernährung, Vitamin D und Sport. Fortan kreiste mein Leben nur noch um die Osteoporose. Es gab keinen anderen Gedanken mehr und es drehte sich alles nur noch um Essen und Bewegung. Ich hatte Fantasien, dass meine Wirbelsäule zusammenfällt, und dass ich schwer krank bin. Täglich steigerte ich mich mehr in diese Fantasien hinein. Auch tat mir der Nacken und der obere Rücken weh, was ich immer wieder mit der Osteoporose in Verbindung brachte. Mehr und mehr reagierte ich panisch und spürte nicht, dass ich fürchterliche Ängste hatte. Die mir vertraute Angst hatte mich wieder voll im Griff, ohne dass ich bereit war sie wahrzunehmen.

2

Das Highlight des Vorjahres war für mich eine Reise mit meiner Tochter Laura nach New York anlässlich ihres 30. Geburtstages. Es ging mir mit dieser Reise sehr gut und vor allem die Nähe zu Laura hat mich aufblühen lassen. Von Paris aus, wo sie lebt, machten wir uns beide auf den Weg nach New York. Am Flughafen angekommen, entschieden wir uns öffentlich nach Manhattan zufahren, was eine kleine Weltreise war und viel geografische Kenntnisse voraussetzt, für Laura jedoch kein Problem war. Sie hat das alles hervorragend gemanagt. Im Hotel waren sie ganz begeistert, dass es uns gelungen ist öffentlich nach Manhattan zu kommen, was selten Touristen schaffen. Auch fanden wir ein kleines Frühstücksrestaurant, das von netten Peruanern betrieben wird. Gute Erfahrungen machten wir mit den Menschen in New York, die freundlich, hilfsbereit und kommunikativ waren.

Neugierig, viel zu entdecken, erkundeten wir die Stadtteile Soho, Williamsburg, Brooklyn, Greenwich Village, China Town, Little Italy, Harlem und auch die Columbia University. Mit der Fähre fuhren wir von Manhattan aus nach Staten Island, um uns die Freiheitsstatue anzusehen. Spontan hatten wir das Bedürfnis einen Ausflug nach Coney Island zumachen, um das Meer und den breiten Strand zu genießen.

Die Architektur vom Guggenheim Museum in der Fifth Avenue und die moderne Kunst waren ein Augenschmaus. Behutsam näherten wir uns Ground Zero mit der 9/11 Gedenkstätte. Bei den Anschlägen vom 11. September 2001 kamen 2.977 Menschen aus über 90 Ländern ums Leben. Das älteste Opfer war 85 Jahre alt, das jüngste gerade einmal zwei. Mehr als 400 der Opfer waren Rettungskräfte, die im Dienst ihr Leben ließen. Die Gedenkstätte besteht aus zwei Becken in den „Fußabdrücken" der ursprünglichen Zwillingstürme. Durch 9 m hohe Wasserfälle - die höchsten von Menschen geschaffenen

Wasserfälle in Nordamerika - fällt das Wasser in die Becken und von dort aus in der Mitte der Becken in einen leeren Raum. Die Namen der Opfer der Anschläge aus dem Jahr 2001 sind in Bronze um die Ränder der beiden Becken eingefräst. Die Anordnung der Namen beruht auf „bedeutungsvollen Zusammenhängen" die zeigen, wo sich die Opfer am 11. September befanden und in welcher Beziehung sie zu anderen Menschen standen, die an dem Tag ihr Leben ließen.

Beim Schreiben dieser Zeilen spüre ich, wie sehr mich immer noch diese Gedenkstätte berührt. An diesem Ort war für mich spürbar, wie durch die immer währenden Wasserfälle in den leeren Raum, die Toten singen, leben und sich so zeigen. Ich habe großen Respekt vor diesem Ort, der durch tragische Verluste zu einem heiligen Ort wurde. Er hat mich am meisten beeindruckt auf dieser Reise und ist mir nachhaltig in Erinnerung geblieben - innen wie außen.

Vor meiner Reise nach New York hatte ich einen Brief an meine verstorbenen Eltern verfasst um ihnen mitzuteilen, dass ich ihr Lebenspaket nicht mit mir tragen möchte, ich es ihnen zurückgebe und mein Paket anschaue. Diesen Brief habe ich am letzten Abend unserer Reise dem East River in Williamsburg übergeben. Es war für mich ein bewegender Moment, ein lauer Sommerabend am East River mit Blick auf die beleuchtete Williamsburg Bridge. Mir fiel spontan dazu der Buchtitel von Paulo Coehlo ein „Ich saß am Rio Grande und weinte". Auch wenn der Titel sehr kitschig klingt (wie auch die Bücher des Autors für mich), enthält er doch ein Stück Herzenswärme. An diesem lauen Abend war es gar nicht so einfach, unbeobachtet eine passende Stelle am Ufer zu finden. Nachdem ich den Brief dem Wasser übergeben hatte, war die Sache damit erledigt und ich dachte nicht mehr darüber nach. Ich spürte keine Notwendigkeit in mir, innerlich etwas zu verändern. Was dann geschah, war so einschneidend, dass es alles veränderte und mich vollkommen aus der Bahn warf. Es ließ nichts mehr sein was vorher war und ereignete sich im Februar 2015.

3

Die alljährliche Meditationswoche im Kloster an der ich teilnahm, war sehr anstrengend. Dort fühlte ich mich körperlich nicht wohl und konnte mich ganz schlecht auf die Meditation einlassen. Ständig war ich mit meinem Rücken und meinen Fantasien beschäftigt. Das Zimmer, das mir zugeteilt wurde, war unterm Dach und dunkel und spartanisch eingerichtet. Erschwerend kam noch hinzu, dass ich nach dieser Woche einen größeren Zahnarzttermin hatte, was mich durchgehend beschäftigte. Ein Implantat hatte sich entzündet und musste gereinigt werden. Es taten mir alle Zähne weh, ich war erkältet und fühlte mich elend. Ich sehnte den Tag der Abreise herbei. Zuhause angekommen, fand dann einen Tag später die Zahnoperation trotz Erkältung statt. Danach ging es mir nicht gut, die Augen, das Gesicht und der Mund taten weh. Es kam mir nicht mehr normal vor, ich schob es aber auf die Behandlung und Erkältung. Nichts anderes konnte ich mir vorstellen. Die Zahnärztin sagte, es könne Herpes sein oder eine Nervenkrankheit. Das Wort Nervenkrankheit beschäftigte mich von diesem Zeitpunkt an und machte mir noch mehr Angst. Plötzlich fühlte ich mich von Tag zu Tag schwächer, kränker und konnte nicht mehr essen. Nicht mehr essen bedeutete noch mehr Osteoporose und noch mehr Stress. Ich wusste nicht was mir fehlte und hatte Angst. Wie aus heiterem Himmel fing mein Kopf an zu brennen und mein Nacken und Rücken taten sehr weh. Das Brennen fühlte sich wie ein Stromschlag an und war Tag und Nacht präsent.

Am darauffolgenden Abend musste ich meinen Entspannungskurs, den ich leitete, nach zehn Minuten abbrechen. Das Brennen und die Nackenschmerzen waren so stark, dass ich Panik bekam. Die Angst war so groß, dass ich mich nicht mehr konzentrieren konnte. Eine

Kursteilnehmerin fuhr mich nach Hause und mein Mann Peter begleitete mich ungern an diesem Abend zum Notarzt. Er war damit beschäftigt seine Parisreise, die für den nächsten Tag geplant war, vorzubereiten. Ein netter Notarzt stellte eine schwere Nackenverspannung fest und schickte mich mit einem Schmerzmittel nach Hause. Nach Ansicht von Peter war es eine Panikattacke. Mit diesem Gedanken begann ich mich auseinander zu setzen. Die Ängste, die ich früher über Jahrzehnte hatte, waren die letzten Jahre nicht mehr präsent für mich.

Ich wollte sie nicht wahrhaben, da ich sie überwunden glaubte, doch sie wirkten massiv auf mich ein. Die nächsten acht Tage alleine zuhause waren der Anfang einer langen Reise. Es fing damit an, dass ich beim Sport bemerkte, dass meine angebliche Hämorride, die eine Woche vorher eine Ärztin diagnostiziert hatte, blutete. Panik kam auf und ich surfte die halbe Nacht im Internet, was mir noch mehr Angst machte, die ich aber verdrängte. Die Ängste waren so massiv, dass ich von da an auch nicht mehr schlafen konnte. Ich rief ständig Peter und Laura in Paris an, machte Panik, und wollte, konnte nicht annehmen was sie mir sagten. Ich war fest davon überzeugt mir könne niemand mehr helfen. Was nicht stimmte, denn unter der Oberfläche suchte ich Hilfe. Einen Koffer für die Klinik packte ich in diesen Tagen mit der festen Überzeugung dass ich sehr krank sei. Die Kurse, die ich leitete, machte ich weiter. Das war sehr wichtig für mich, kostete aber auch Kraft. Meine Freundin Susanne besuchte mich in dieser Zeit und ich erzählte ihr von meiner Angst. Sie begleitete mich zu einem Spaziergang und ich spürte ganz stark das Brennen im Kopf und Nacken, was mir Panik machte. Im Café, wo wir Pause machten, spürte ich auch meine alte Angst vor den Menschen wieder.

An diesem Abend fing ich aus Verzweiflung an Tagebuch zuschreiben, was mir bis heute eine Herzensangelegenheit ist und mir sehr hilft. Einen Tag später fing der Arzthorror an. Termin beim Proktologen der eine Analthrombose feststellte, was harmlos war und mich erleichterte. Der nächste Termin bei der Hautärztin, auch da Fehldiagnose Herpes. Ich erklärte ihr, dass mein Gesicht schmerzt und juckt. Daraufhin sagte sie, dass ich ein Fall für einen Neurologen sei. Es könnte sein, dass ich einen Gehirntumor habe. Total verunsichert ging ich nach Hause und suchte mir einen Neurologen. Wartezeit vier Monate. Es ging weiter in dieser Woche mit einem Termin beim Orthopäden wegen der Nackenschmerzen. Er gab mir schwere Schmerzmittel, die ich nicht nahm und schickte mich zum MRT, wo ich gleich am anderen Tag einen Termin bekam. Am Abend vor dem Termin kam Peter von Paris zurück und begleitete mich zum MRT. Fürchterliche Ängste hatte ich im MRT. Ich bekam kaum Luft und meine Hände klammerten sich verschwitzt an den Notfallknopf um jederzeit bereit zu sein den Vorgang zu stoppen, was ich jedoch nicht tat. Ich war fest davon überzeugt dass sie bei mir einen Bandscheibenvorfall an der Halswirbelsäule feststellen würden. Zum Glück gab es keinen Befund.

Das alles spielte sich in einer Woche ab. Mir war schnell bewusst, dass ich trotz körperlicher Symptome psychologische Hilfe brauchte und erinnerte mich an die Angstambulanz der LMU, die ich von der Münchner Angstselbsthilfe her kannte. Ein hilfsbereiter Mann am Telefon, dem ich meine Ängste schilderte, versprach mir, mein Anliegen im Team zu besprechen und mich eine Woche später anzurufen. Was dann auch wirklich geschah. Die Ambulanz teilte mir zur meiner Erleichterung mit, dass sie eine Therapeutin für mich haben. Sie rief mich dann auch Zeitnah an, um mit mir einen Termin zu vereinbaren. Das war ein Glücksfall.

Am Wochenende wurde mein Gesicht auf der rechten Seite plötzlich ganz starr und schmerzte fürchterlich. Die Augen, Kopf und Nacken brannten und ich fühlte mich verzweifelt, ängstlich und hilflos. Nachdem ich keinen baldigen

Termin beim Neurologen bekam und die Schmerzen schlimmer wurden, entschied ich mich in den nächsten Tagen in die Ambulanz des Schwabinger Krankenhauses zu gehen. Ich gab nicht auf und versuchte nochmals einen Termin beim Neurologen zu bekommen, dieses Mal mit Erfolg. Ein Patient hatte seinen Termin abgesagt, sodass ich am nächsten Tag für diese Person einspringen konnte. Nach ständigem Internet surfen war ich fest davon überzeugt, dass der Arzt bei mir eine Trigeminusneuaralgie feststellt. Wie ich fand passten die Symptome genau zu meinem Gesichtsschmerz. Akribisch recherchierte ich im Internet weiter, was mich noch mehr verunsicherte und mir Angst machte.

Ich glaubte dem Internet mehr als meinem Umfeld und meinen Gefühlen, zu denen ich keinen Zugang in diesen Wochen hatte und die mit Angst überlagert waren. Während ich im Wartezimmer lange auf meinen Termin wartete, fing mein Gesicht in meiner Vorstellung an von einer Seite zur anderen Seite zu wandern. Dies erschreckte mich und ließ mich hoffen, dass meine Selbstdiagnose nicht stimmte. Der Neurologe nahm sich sehr viel Zeit, um mich zu untersuchen mit dem Hinweis, dass er auch ein Kopf MRT von mir brauche, um sicher zu sein, dass alles abgeklärt ist. Voller Angst ging ich dieses Mal ohne Begleitung, Peter hatte sich geweigert mitzugehen. Es ist gut sich eine Begleitperson zum MRT mitzunehmen. Es geht nicht nur um die Röhre, in der man ja sowieso alleine ist, sondern vielmehr um die Diagnose die einem der Arzt mitteilt.

Nachdem der Diagnosearzt mich informierte, dass er mir ein Kontaktmittel spritzen muss, damit er die Tumore besser sehen könne, schwitzte ich Blut und Wasser im MRT. Überzeugt davon einen Gehirntumor zu haben. Auch da ergab die Diagnose nichts Auffälliges. Ich zitterte am ganzen Körper. Bei der Nachbesprechung mit dem Neurologen bestand er darauf in zwei Wochen vom Kopf, wo er weiße Punkte sah, noch einen Ultraschall zu machen.

Die Angst hörte nicht auf. Auch die MRT-Besprechung beim Orthopäden wegen meines Nacken ergab nichts Auffälliges. Er meinte es sei ein neurologisches Problem. Nach der umfassenden organischen Untersuchung ohne Befund beim Neurologen, stellte er die Diagnose „anhaltende somatoforme Schmerzstörung". Was diese Diagnose bedeutet wollte ich wissen.

Bei der somatoformen Schmerzstörung ist starker Schmerz das Leitsymptom, das alles andere überschattet. Am häufigsten sind Kopf- und Rückenschmerzen. Es kann sich aber auch um Gesichtsschmerzen, Gelenk- und Gliederschmerzen sowie Leib- und

Unterleibsschmerzen handeln.

Zu den sonstigen somatoformen Störungen - die zu den psychischen Störungen gehören - zählt man Störungen, deren Art und Lokalisation nicht mit einem Versorgungsgebiet des vegetativen Nervensystems zusammenfallen. Zu nennen sind Bruxismus (Zähneknirschen), Schluckstörungen und Kloßgefühl im Hals, psychogener Juckreiz, sowie Beschwerden rund um den weiblichen Zyklus.

Ich hatte oder habe manchmal noch sowohl eine somatoforme Schmerzstörung sowie eine somatoforme Störung. Beides kann auch zusammen mit anderen psychischen Störungen auftreten.Viele Betroffene, wie auch ich, haben traumatische Kindheitserfahrungen erlebt und im Laufe ihres Lebens körperliche und/oder sexuelle Gewalt erfahren. Im Mittelpunkt meines Alltags stand ab dieser Zeit die übermäßige Auseinandersetzung mit den Schmerzen. Sie waren oft im Laufe des Tages unterschiedlich intensiv und sehr diffus. Mehr und mehr verlor ich das Vertrauen in meinen Körper, das sowieso schwach vorhanden war, mich aber bis zu diesem Zeitpunkt nicht beschäftigte. Die Diagnose verunsicherte mich. Auf der einen Seite war ich froh, dass es meine Seele betraf, was mir die Hoffnung gab, dass ich es ändern kann. Auf der anderen Seite war da der Schmerz, an dem ich mich ausgeliefert fühlte. Beides zusammen hat mir viel Geduld abverlangt.

In diesen zwei Wochen, in denen sich der Horror ereignete, kam meine Schwester zu Besuch, was mich sehr belastete. Ich fühlte mich nicht wohl und musste mich noch mit der Diagnose vom

Neurologen auseinandersetzen. Es kam mir damals nicht in den Sinn den Besuch zu verschieben, ich funktionierte. Dazu kam noch, dass ich abends einen Kurs leitete und mich schwach fühlte. Sehr geschafft an diesem Abend konnte ich nicht einschlafen. Meine Beine, Arme und Hände fühlten sich ganz klein an so wie bei einem Baby.

Ich hatte eine lebensbedrohende Angst zu verschwinden, was ich aber nicht wollte. In dieser Nacht kämpfte ich auf dieser Welt zubleiben. Ich glaube, ich musste schon im Mutterleib kämpfen um gesehen und angenommen zu werden. Am anderen Tag ging ich mit meiner Schwester bummeln und spürte dass die Schmerzen so groß waren, dass ich Angst hatte mich zu bewegen. Meine Schwester war besorgt und wollte wissen woher die Schmerzen kamen. Ich wusste es ja selbst nicht. Sie versuchte eine Erklärung dafür zu finden, was mich noch mehr verunsicherte und mir Druck machte. Täglich fragte ich mich was mir fehlte. Das allerschlimmste war die Hilflosigkeit und das Gefühl ich werde vergessen, was real allerdings nicht so war.

4

Die geplante Parisreise zu Laura an Ostern stand vor der Tür. Ich haderte mit mir ob ich fahren soll oder nicht. Tief in meinem Inneren war mir bewusst, wenn ich nicht fahre werde ich irgendwann mich nicht mehr trauen irgendwohin zu fahren. Ich schleppte mich noch vorher zu meiner Hausärztin, die mich sehr unterstütze und mir ein Notfallmedikament mit auf den Weg gab, was mich sehr beruhigte. Ich war tief verzweifelt und fühlte mich körperlich schlecht und hatte große Angst, dass ich nicht mehr auf die Beine komme.

Am Tag vor meiner Reise traf ich mich mit meiner Freundin Jutta im Café Drugstore. Ich saß ihr gegenüber mit meinem starren Gesicht, meinen Schmerzen und war voller Angst. Ich erzählte ihr was in den letzten zwei Wochen mit mir passiert war. Sie nahm von Herzen an meinen Sorgen und Problemen teil, was mir das Gefühl vermittelte von ihr werde ich nicht vergessen. In der Nacht vor der Abfahrt nach Paris brannte mein ganzer Körper und ich zitterte vor Angst. Es fühlte sich an wie Stromschläge im Körper. Am Morgen überlegte ich nochmal fahre ich oder fahre ich nicht.

Die Vorfreude auf Laura hat mich fahren lassen. Peter begleitete mich zum Zug, was mir Sicherheit gab. Die Fahrt verlief besser als ich erwartet hatte. Laura holte mich in ihrer Mittagspause vom Bahnhof ab und brachte mich zu ihrer Wohnung. Dort angekommen traute ich mich seit drei Wochen erstmals wieder einkaufen zu gehen. Ich fühlte mich immer noch starr im Nacken, traute mich nicht nach rechts und links zuschauen und erlebte alles wie in Watte gepackt. Was schwer war, mich aber aufbaute diesen Schritt getan zuhaben. Am Abend redete ich viel mit Laura über mein Problem und sie war sehr bei mir, hörte mir zu und tröstete mich.

Plötzlich nahm ich wahr, dass die Gesichtsschmerzen zum ersten Mal seit Wochen weggingen. Was ich nicht einordnen konnte weil ich so fixiert war auf meinen Schmerz. Beim Frühstück am darauffolgendem Tag ging die Fixierung auf meinen Gesichtsschmerz weiter und ich konnte mich auf sonst nichts konzentrieren. Wir planten an diesem Tag einen Stadtbummel zumachen, was eine große Herausforderung für mich war. Ich fühlte mich sehr angespannt und hatte Angst vor den Menschen. Es wurde dann etwas besser als ich erwartet hatte, aber immer noch nicht so wie vor den drei Wochen. Mit Laura an meiner Seite fühlte ich mich getragen.

Im Café teilte ich Laura meine Verzweiflung mit. Mir kamen die Tränen, als ich ihr erzählte, dass ich vermute, dass alles mit meinem sexuellen Missbrauch zu tun hat, den ich nie wirklich ernst nahm und verdrängte. In diesem Moment war mir nur wichtig mit Laura eine schöne Zeit zu verbringen und am Leben teilzunehmen.

In dieser Nacht hatten ich einen Traum.„ *Ich gehe in eine Kabine um anzuprobieren. Ich höre jemand kommen und rufe, ist jemand in der Kabine? Die Gestalt (ein Er) kommt in die Kabine und drückt mich mit dem Vorhang an die Wand. Ich erschrecke sehr und halte die Luft an. Dann werde ich wach*"

Ich fragte mich,was dieser Traum bedeutete und was ich verdränge. Ich wünschte mir damals sehr den Mut gehabt zu haben hinzuschauen, was nur Schritt für Schritt möglich war. Hatte zum ersten Mal das Gefühl, dass meine Gesichtsschmerzen nicht real sind. Bei jeder unbekannten Regung in meinem Körper hatte ich fürchterliche Angst vor Krankheiten. Ich beobachtete meinen Körper akribisch, was alles noch schlimmer machte. Bei jeder kleinen Bewegung in meinem Körper fühlte ich mich hilflos und ohnmächtig. Das Gefühl, die Kontrolle zu verlieren, war ständig präsent. Kontrollverlust war das schlimmste was ich mir vorstellen konnte und für mich selbstverständlich, dass man die Kontrolle nicht aufgibt. Eine neue Angst, die Angst vor Krankheiten. Diese Angst kannte ich bis dahin nicht bei mir. Mir vertraut war die soziale Angst. Ich erinnerte mich, dass es mir oft schwer fiel Menschen mit Krankheitsängsten zu verstehen. Trotz aller Verzweiflung fühlte ich mich in Paris mit Laura sehr wohl. Das Joggen im Parc Monceau tat mir sehr gut und machte mich körperlich etwa stabiler. Es kam wieder ein Traum in dieser Zeit in Paris in mein Leben.

„Ich gehe die Treppe hoch zur U-Bahn und auf der letzten Stufe sacken meine Beine wie behindert oder spastisch zusammen. Ich kann mich gerade noch im Kreis umdrehen und mich am Sockel vom Geländer festhalten und meine Beine werden wieder stabil".

Ich interpretierte damals den Traum so: Die letzten Jahre ging es Stufe für Stufe mit mir nach oben und ich war sicher, dass mir nichts mehr passieren kann. Auf der letzten Stufe kam dann unerwartet der Einbruch. Ich dachte, vielleicht hilft dieser Einbruch mir wieder stabil zu werden.

In diesen Tagen wollte ich unbedingt wissen, was sich hinter meinen Schmerzen verbirgt. Ich bat täglich das Universum um Hilfe, Hinweise, Träume und Unterstützung. Eine Szene aus meiner Kindheit kam mir ins Bewusstsein, was sehr Scham besetzt für mich war. Es ging um ein unangenehmes Foto, das mein Vater von mir machte, was mich sehr beschämte.

Das waren alles Erinnerungen die ich nicht direkt einordnen konnte oder sehen wollte. Die Zeit in Paris im April war gesegnet von schönem Wetter. Ich fuhr zum Einkaufen in eine Mall, weil ich dachte dort fühle ich mich sicherer als in der Innenstadt. Dem war leider nicht so. Ich hatte heftige Gesichtsschmerzen und sah nur eine Nebelwand vor mir, die mir seit meiner Kindheit vertraut war. Schnell flüchtete ich aus dem Einkaufszentrum in einen angrenzenden kleinen Park und setzte mich in die warme Sonne. Dort spürte ich in der Ruhe ein Gefühl von Verlassenheit. Es machte mich sehr traurig und schmerzte, dass Laura so weit weg wohnt. Meine Gefühle zu zulassen, zu weinen und Wut zu haben viel mir schwer. Ich erinnere mich, dass ich früher, noch in der Zeit als Laura ein Kind war, selbstverständlich weinen konnte. Irgendwann muss was geschehen sein, dass die Tränen nicht mehr flossen. Ich sehe oft ein Bild vor mir, ein großer See umringt von einer schönen Landschaft, der ausgetrocknet ist. Dabei habe ich das dringende Bedürfnis diesen See mit meinen Tränen zu füllen, was eine große Erleichterung für mich wäre. Die Gefühle waren eingefroren in meinem Gesicht.

Laura hatte sehr viel Geduld mit mir. An unserem letzten Tag während eines Spaziergangs auf dem Friedhof Père Lachaise hatten wir ein gutes Gespräch wie es mit mir zu Hause weitergehen könnte. Ich nahm mir vor mein Bestes zu geben um wieder gesund zu werden. Auch wünschte mir Laura von Herzen, dass ich eine gute Therapeutin finde. Ich hatte ja schon einen festen Termin. Die Woche mit Laura war mit viel Liebe gefüllt. Mir war sehr wichtig, dass ich sie nicht mit meinen Problemen belaste, aber ihr war es sehr wichtig, alles von mir zu erfahren. Wie sie mir oft mitteilte, würde es sie belasten wenn ich ihr nichts erzähle. Laura spürt wenn bei mir irgendetwas nicht stimmt und fragt sofort nach.

Der Tag des Abschieds kam und Laura begleitete mich zum Bahnhof. Im Zug nach München ging es mir bis Mannheim ganz gut. Dann spürte ich wieder ganz starke Gesichtsschmerzen. In meiner Wohnung angekommen kam ein kribbeln in den Beinen noch dazu. Ich war voller Hoffnung, dass es besser wird mit meinen Schmerzen und hatte dann Angst, den Alltag nicht mehr bewältigen zu können. Trotz allem, hatte ich Sehnsucht nach dem Leben. Nach langer Fernsehpause, ich wollte ausprobieren wie es mir damit ging, fing ich wieder an zu schauen, was mich von meinen Gesichtsschmerzen ablenkte.

5

Der ersehnte Termin bei der Therapeutin fand endlich statt. Ich war sehr aufgeregt. Dort angekommen begegnete ich einer sehr liebevollen, kompetenten Frau. Mich berührte sehr, dass ich innerhalb von einer Stunde zu ihr großes Vertrauen hatte. Was mir bisher in dieser Form noch nicht begegnet war. Eine Begegnung auf Augenhöhe. Sie erklärte mir, dass die vielen Gedanken und Fantasien und auch das Internet Angst erzeugen. Den Missbrauch sprach ich auch an und spürte wie meine Beine anfingen zu kribbeln und mein Gesicht schmerzte.

Diese erste Therapiestunde hat mir sehr viel Hoffnung gemacht und ich war bereit gut an mir zu arbeiten. Es stand noch der Ultraschalltermin beim Neurologen an. Auch diese Untersuchung ergab keinen Befund. Der Neurologe verschrieb mir ein Antidepressiva, was für mich ein Schlag ins Gesicht war und persönliches Versagen bedeutete. Ich konnte mich nicht wehren und fühlte mich total hilflos, hatte fürchterliche Angst und machte ein Horrorszenarium wegen diesem

Medikament.

Alles, was ich mir in den letzten Jahre aufbaute, brach für mich zusammen. Zum Glück hatte ich den nächsten Tag eine Therapiestunde und konnte mit meiner Therapeutin darüber reden. Ich sprach mit ihr über dieses Medikament und meine Panik. Sie sagte „Eigenverantwortung übernehmen…Sie haben es in der Hand was sie mit dem Medikament machen". Ich bin ihr noch heute sehr dankbar für diesen Satz. Es war keine Frage mehr ob ich das Medikament nehme oder nicht. Darauf bin ich von alleine nicht gekommen. Meine Angst blockierte mich so sehr, dass Abgrenzung nicht möglich war. Angst zu haben, mich abzugrenzen, davon überzeugt sein, dass andere Recht haben, zog sich durch mein ganzes Leben. Die Gesichtsschmerzen und das Brennen im Kopf waren in dieser Zeit immer vorhanden und ich hatte Angst, dass es chronisch wird und nie mehr weg geht. Der Schmerz kam und ich zitterte innerlich wie Espenlaub, war hilflos, ausgeliefert und hatte das Gefühl mir kann keiner mehr helfen. Wichtig war mir in dieser Zeit meine Kurse weiter zu leiten, an mir zu arbeiten und am Leben trotz Schmerzen teilzunehmen. In der Kommunikation mit anderen Menschen waren die Schmerzen weniger. Noch ein wichtiger Traum aus dieser Zeit:

Ich komme von irgendwo her und will zum Bahnhof. Um mich herum befindet sich eine grüne Waldlandschaft. Das Wetter ist trübe und regnerisch. Kein Mensch ist zusehen und ich gehe in der Mitte auf einer leeren Straße. Zwei Taschen habe ich umhängen. Eine unter meinem Mantel, die mich nach unten zieht. Ich erschrecke, dass dort die Tasche ist. Plötzlich höre ich ein Klatschen aus dem Wald. Mir bleibt der Atem stehen. Ein Mann läuft hin und her und ich kann nicht laufen wegen der schweren Tasche, die mich nach unten zieht. Ich habe Angst dass er auf mich zu kommt und mir etwas tut. Ich bin erstarrt."

Diesen Traum verstehe ich heute besser als damals. Ich suchte und suchte nach einer Antwort auf meine Schmerzen und konnte oder wollte das Naheliegende nicht sehen. „

In einer der darauffolgenden Nächte sah ich ganz plastisch ein Bild vor mir: „*Ein zusammen-gekrümmtes Kind sitzt in der Ecke und schreit mich an. In seinem verzerrten Gesicht sehe ich Schmerzen. Ich kann mit diesem Schmerz nichts anfangen, ich will ihn nicht sehen. Ich gebe dem Kind die Schuld für den Schmerz und finde es hässlich. Das Kind braucht Trost aber ich schaffe es nicht, auf es zu zugehen.*" Zwei Tage später begegnete mir dieses Kind wieder. „*Ich setzte mich neben das Kind und spürte, dass ich die*

Schmerzen und das Weinen nicht aushalten kann.
Dieses Bild ließ mich auch am anderen Tag nicht
los. Ich rückte an das Kind heran und nahm es in
die Arme. Es fühlte sich so teilnahmslos in meinen
Armen an. Dem Kind fehlte das Herz von mir."

Das waren die ersten Begegnungen mit meinem
„inneren Kind". Ohne die Beziehung zu meinen
inneren Kind kann es keine Heilung geben, sagte
mir damals meine Therapeutin.

Ich machte mich auf den Weg, dieses innere Kind
kennenzulernen. Um es zu verstehen und mein
Leben zu begreifen musste ich ganz weit zurück
bis zum Anfang gehen. Was sind meine Wurzeln?
Und was ist passiert mit mir?

6

In der Kleinstadt Dillingen im Saarland, das damals
französische Besatzungszone war, erblickte ich am
21.12.1951 die Welt. Am 21.Dezember steht die
Sonne am südlichen Wendekreis im Zenit und
geht am nördlichen Polarkreis tagsüber gar nicht
auf. Somit ist es auf der nördlichen Erdhälfte der
kürzeste Tag des Jahres, die Wintersonnenwende.
Mit der Wintersonnenwende am 21. Dezember
werden jedes Jahr die Raunächte eingeleitet und
die Sonne feiert Geburtstag.
Die Sonne wird gefeiert, um daran zu erinnern,
dass die noch zu erwartende Dunkelheit des

Winters ihren Kampf bereits verloren hat. Dies gibt uns Mut, Kraft und Hoffnung die dunkelste Zeit des Jahres gut und zuversichtlich zu meistern. Früher wurden die Raunächte zur Einkehr genutzt, um Geschichten zu erzählen, zu feiern und zu sich zu kommen. Die Menschen gingen in sich, um zu hören, was sie sich vom neuen Jahr erwarten, was ansteht, was vor ihnen liegt. Eben das neue Jahr für sich zu planen.

Dieser Tag meiner Geburt ist für mich etwas ganz besonderes. Ich spüre, dass es stimmig ist auf der Welt zu sein, - gewollt oder ungewollt, - und dass das Leben immer weitergeht, egal ob es mir gut oder schlecht geht. Von meiner Geburt erfuhr ich nicht viel, außer, dass meine Mutter kurz nach meiner Geburt für einige Wochen, wegen einer Brustdrüsenentzündung im Krankenhaus behandelt wurde. Genaue Informationen, auch darüber wo ich in dieser Zeit war, fehlen mir. Es wurde nie darüber gesprochen.

7

Meine Eltern wuchsen beide in besagter Kleinstadt auf und blieben dort bis an ihr Lebensende. Wer waren meine Eltern ...? Was haben sie erlebt und wie hat das meine Kindheit geprägt? Es kostet mich viel Mut, genauer hinzuschauen. Leider habe ich niemanden in der Familie, den ich fragen könnte bzw. der dazu bereit ist. Deswegen kann ich mich nur auf meine Gefühle verlassen und ihnen vertrauen, mich an Erzählungen meiner Eltern erinnern, um mir ein Bild zu machen, warum alles so gekommen ist. Wenn ich ein Bild von beiden malen würde, sähe ich vor mir zwei Menschen die nicht nebeneinander auf gleicher Augenhöhe, sondern etwas versetzt stehen. Vater vorne und Mutter ein klein wenig hinter ihm. Sie blickt mit leerem Gesichtsausdruck zur Wand. Mein Vater macht einen niedergeschlagenen Eindruck. Man sieht ganz deutlich Spuren von Verletzung in seinem Gesicht und er schaut nach vorne. Alles wirkt sehr plastisch und doch nicht real. Sie wirken beim näheren Hinschauen wie eingefroren. Was hat die beiden einfrieren lassen und verletzlich gemacht?

8

Mein Vater war das jüngste von fünf Kindern. Er ging bis zu meinem fünften Lebensjahr in seiner Freizeit kaum außer Haus. Er las sehr viele Bücher und jede Woche ging ich mit ihm in die Leihbücherei, die damals in einem Schreibwarengeschäft untergebracht war. Mir gefiel es die Bücher anzuschauen und zuzuhören über was die Erwachsenen sprachen. Eine Aura der Trauer und Angst lag über meinem Vater. Irgendwann so um mein fünftes Lebensjahr ging er dann mehr nach draußen. Oft saß er da, in

Gedanken versunken und ich saß stumm neben ihm und nahm ein komisches Gefühl in meinem Bauch war. Bei ihm spürte ich mehr Herzlichkeit als bei meiner Mutter. Erst 1950 – ein Jahr vor meiner Geburt - war er aus russischer Kriegsgefangenschaft zurückgekehrt.

Vor einigen Jahren stellte ich eine Anfrage an den Suchdienst des Deutschen Roten Kreuzes bezüglich der russischen Kriegsgefangenschaft meines Vaters. Der Suchdienst hat in den zurückliegenden Jahren aus Archivbeständen der Russischen Föderation weitere Unterlagen zu deutschen Kriegsgefangenen erhalten, unter denen auch eine Akte und eine Karteikarte meines Vaters waren. Aus der russisch abgefassten Gefangenenakte geht hervor, dass mein Vater am 29.03.1944 in Bessarabien in sowjetische Gefangenschaft kam und am 06.03.1947 im Lager Nr. 100 in Saporoshje/Donbas registriert wurde. Leider ist nicht vermerkt, in welchen Lagern sich mein Vater zuvor befand. Ich hörte öfters von meiner Großmutter und seinen Geschwistern, dass er in Sibirien war. Am 16.12.1947 wurde mein Vater in das Spezialhospital Nr. 1149 in Saporoshje verlegt. Von dort aus kam er wieder in das Lager Nr.100. Er wurde am 02.08.1948 erneut in das Hospital eingeliefert und am 01.09.1948 in das Lager Nr. 100 zurück verlegt.

Ende des Jahres 1949 sollte er dann in die Heimat

verlegt werden und wurde am 02.01.1950 an das Kriegsgefangenen- und Repatriierungslager Nr. 69 in Frankfurt/Oder zur Entlassung aus der sowjetischen Gefangenschaft übergeben. Zu den mir zugesandten Unterlagen war auch ein Lagerbericht beigefügt.

Nach intensivem Lesen dieses Berichtes wurde ich ganz traurig und spürte tiefes Mitgefühl in meinem Inneren. Von 1942 bis 1950 im Krieg und davon sieben Jahre in Kriegsgefangenschaft. Das ein Mensch soviel aushalten kann, ist mit dem Verstand kaum zu erfassen. Das Lager gleicht den vielen Lagern auf der Welt, in denen Menschen Hunger leiden, Gewalt und Erniedrigung erfahren und Angst um ihr Leben haben.

Mit 17 Jahren ist mein Vater freiwillig, ohne Erlaubnis seiner Eltern in den Krieg gezogen und mit 24 Jahren zurückgekommen. Wie er erzählte, war der Krieg für ihn die Chance, nach Berlin zu kommen. Berlin war damals für die Jugend die große Welt. Wie hat er sich nach dem Krieg wieder eingelebt in seiner Heimat? Ihm wurde ja seine ganze Jugend genommen. Außerdem musste er sich in die veränderte Welt einleben, die ganz anders war als vor dem Krieg und auch mit sich selbst klarkommen.

Bald nach seiner Rückkehr ins Leben heiratete er meine Mutter und ich kam neun Monate später zur Welt. Ich hätte gerne gewusst wie er das alles bewältigt hat. Er hat sehr wenig darüber erzählt, wo er genau gekämpft hat, wo die Russen ihn in Gefangenschaft genommen haben und was er erlitten hat. Als Kind wollte ich auch nicht direkt damit konfrontiert werden. In dieser Zeit bekam mein Vater Besuch von einem ehemaligen Kameraden, der mit ihm in Kriegsgefangenschaft gewesen war. Beide saßen stumm nebeneinander auf der Terrasse und schauten in die Ferne. Für mich als Kind war das eine sehr bedrückende Situation. Kurze Zeit später habe ich erfahren, dass dieser Mann an den Folgen des Kriegstraumas gestorben war. Mit dem Leid meines Vaters wurde ich später während seines Herzanfalls konfrontiert. 1959 schaute ich mit meinem Vater gemeinsam den Film „So weit die Füße tragen" im Fernsehen an. Er saß ganz angespannt, schweigend vor dem Bildschirm. Ich spürte seinen Schmerz in mir und hatte Mitleid mit ihm. Trotz allem gefiel mir dieses Kriegsdrama sehr gut. Es war spannend es gemeinsam mit meinem Vater anzuschauen. Aus heutiger Sicht war es wie miteinander reden ohne Worte, ein zerbrechliches Schweigen. Ich war auf der einen Seite froh über das Schweigen, auf der anderen Seite belastete mich die Spannung die durch das Schweigen spürbar war. An Weihnachten war mein Vater immer traurig und zurückgenommen, was mich sehr anspannte. Ich fühlte mich schuldig. Er konnte oder wollte nicht darüber reden.

Heute glaube ich, es waren Trigger (Schlüsselreize), die bewusst oder unbewusst traumatische Erinnerungen hervorgerufen haben. Auch der Wechsel in seinem Verhalten, der oft innerhalb von Minuten stattfand, was für mich nicht verständlich war, deutet daraufhin. Heute weiß ich, dass das eine (klassische) Auswirkung der posttraumatischen Belastungsstörung ist. Betroffene von posttraumatischer Belastungsstörung (PTBS) leiden häufig darunter, dass sie traumatische Erinnerungen immer wieder durchleben müssen. Dieses wiederholte Durchleben wird oftmalsdurch Trigger ausgelöst, die in irgendeiner Weise an das ursprüngliche Trauma erinnern. Ein Zusammenhang zwischen dem Trigger und dem Trauma muss dem Betroffenen dabei nicht zwangsläufig bewusst sein. Dieser Vorgang kann sich ausschließlich im Unterbewusstsein abspielen. Menschen mit PTBS erleben ihre Welt oft als chaotisch, abweisend und unberechenbar.

Das Grundvertrauen ist ihnen verloren gegangen, ihr Bedürfnis nach Sicherheit ist dauerhaft unerfüllt. Ein seelisches Trauma kann eventuell unter guten Umgebungsbedingungen, mit Verständnis, Geborgenheit, und Fürsorge, ohne Langzeitfolgen ausheilen. Die Verletzung kann allerdings auch akut bleiben. Der Traumatisierte erlebt die Gefühle des Ereignisses immer wieder aufs Neue. Erklärungsversuche helfen nicht, da im Gehirn eine Verarbeitung von Gefühl und Erinnerung, die sogenannte Integration, fehlt. Ein Trauma kann zu einer Abspaltung von Gefühlen führen. Die Gefühle werden weggeschlossen, weil ihre Präsenz den Traumatisierten zu sehr belasten würde.

Wie mein Vater damit umgegangen ist weiß ich leider nicht. Ich kann nur Puzzlestücke zusammen setzen. Ob das dann stimmt, sei dahingestellt. Mein Name Vera kommt aus der Zeit der Gefangenschaft. Er erzählte, dass er dort eine Ärztin hatte die Vera hieß. Sehr wahrscheinlich hat sie ihn gut behandelt. Sodass er sich trotz des Trauma entschied, mir ihren Namen zugeben.

Es ist verständlich, dass die Menschen in der Nachkriegszeit hart am Aufbau arbeiteten. Aus Überleben wurde Aufbau, aus Aufbau Leistung. Es war wichtig sich mit dem Materiellen zu beschäftigten. Bis in die Sechzigerjahre hinein war es für Mediziner kaum denkbar, dass Kriegserlebnisse Auslöser für etwas anderes sein konnten als eine schwere organische Schädigung, von psychischer Erkrankung war keine Rede. Erst mit unserem heutigen Wissen der Psychotraumatologie werden die psychischen Folgen von NS-Zeit, Zweitem Weltkrieg und

Nachkriegszeit umfassend sichtbar. Sie werden in vielen Büchern zum Thema, wie der Krieg immer noch in unseren Seelen wirkt, beschrieben.

Die Forschung heute ist sich sicher: Gefühle eines Traumas können an die nächste Generation weitergegeben werden. Man redet auch von Transgenerationaler Weitergabe. Das Trauma selbst wird nicht weitergegeben; allerdings z. B. die Stressverarbeitungsfähigkeit, oder die Atmosphäre innerhalb der Familie. Die Auswirkungen, die aus den unbearbeiteten Traumen der Elterngeneration erwachsen, Familiengeheimnisse, frühe Prägungen von Angst und Gewalt, körperliche und seelische Traumata, familiärer Stress oder Druck und zementierte Glaubenssätze - all das wirkt sich nicht nur auf diejenigen aus, die es selbst erleiden, es kann sich auch auf die nachfolgenden Generationen auswirken.

Diese entwickeln dann Symptome, als hätten sie das Leid der Eltern selbst erlebt. Sie inszenieren die Schrecken der Eltern und Großeltern unbewusst immer wieder neu. Die schlimmsten Verursacher von Traumafolgestörungen und deren Übertragung auf die nachfolgenden Generationen sind Kriege.

9

Meine Mutter war im Gegensatz zu meinem Vater
eher nach außen gerichtet und unternahm viel
alleine. Die Beziehung zu ihr bestand aus guter
Versorgung. Für Zärtlichkeit, Lob und
Wertschätzung war kein Platz. Sie war so sehr mit
sich und ihren Eltern beschäftigt, dass sie mich
nicht wahrnahm oder es auch nicht konnte. Ich
war in ihrer Nähe, aber es entstand keine Nähe.
Oft war sie innerlich nicht erreichbar und
abwesend. Damals hatte ich sehr oft das Gefühl,
sie sei meine Stiefmutter.
Meine Mutter hatte keine einfache Kindheit und
Jugend. Nachdem ihre eigene Mutter oft krank
und nicht ansprechbar war, musste sie den Alltag
übernehmen. So auch die Betreuung ihres
Bruders, der 15 Jahre jünger als sie und der
Liebling der Familie war. Während des Krieges
wurde sie mit ihrer Mutter und dem Bruder nach
Lichtenfels/Oberfranken evakuiert, eine Reise ins
Ungewisse. Die dortigen Hausbesitzer waren nicht
begeistert, die Fremden aufzunehmen, wurden
aber dazu gezwungen. Ihr Vater, mein Großvater,
musste zu der Zeit in verschiedenen Teilen des
Deutschen Reiches arbeiten, war weit weg von
seiner Familie und bekam nicht mit, wie es ihr
ging. Bis er sie eines Tages besuchte und
feststellte, dass es im Winter keinen Ofen gab, um

das Zimmer, wo sie lebten, zu beheizen. Er redete mit den Besitzern um ihnen klar zu machen, dass es so nicht geht. Daraufhin wurde ganz schnell ein Ofen organisiert. Danach begegneten sich beide Familien mit großem Respekt. Auch ich kann mich gut daran erinnern, dass ich mit meinen Großeltern die Familie in Lichtenfels besucht habe. Ob sie noch wo anders evakuiert waren, weiß ich nicht. Nur, dass sie mit einem Ochsenwagen zurück ins Saarland gefahren sind, einen Unfall hatten der den Bruder meiner Mutter hoch aus dem Wagen schleuderte und bei ihm aufgrund des Schreckens einen lebenslangen Sprachfehler verursachte.

Meine Mutter durfte keinen Beruf erlernen. Für einige Monate schickte mein Großvater sie zu Tante Paula, eine Schwester meiner Großmutter, die sich liebevoll um meine Mutter kümmerte. Sie fühlte sich dort wohl und wollte nicht mehr nach Hause zu ihren Eltern, was leider nicht möglich war. Wenn wir später die Tante besuchten war spürbar, dass diese Beziehung ein Mutter-Tochter-Verhältnis war.

Später wurde sie von ihrer Mutter zu einer jüdischen Familie als Haushaltshilfe geschickt. Dort schnitt sie sich in den Finger und bekam eine Blutvergiftung. Die Familie sah keine Notwendigkeit sie zum Arzt zu schicken, sodass ihr Finger steif blieb. Bevor der Krieg begann, war sie im Pensionat in Speyer, was nach ihrer Erzählung eine sehr schöne Zeit war, die durch den Krieg leider beendet wurde. Meine Mutter fühlte sich auch sehr wohl bei ihren Verwandten in Fremersdorf, Gemeinde Rehlingen-Siersburg. Vom Bahnhof aus mussten wir mit der Fähre „Phar" in den Ort übersetzen. Der Fährmann (Weißkopf) und seine Familie waren Verwandte meiner Mutter. Bis 1964 betrieb die Familie die Fähre. Dann wurde eine Brücke über die Saar gebaut, was das Ende der Fähre bedeutete.

Wir besuchten dort sehr oft meinen Onkel Toni mit Frau und Tochter. Die Tochter Gisela war zwei Jahre älter als ich. Wir verstanden uns sehr gut. Der Onkel und die Tante hatten ein Lebensmittelgeschäft und wir durften mit echten Lebensmitteln Kaufladen spielen. Die Tante machte mit uns Eis mit gekochten Bananen, Milch und Vanille, was ich bisher noch nie gesehen bzw. gegessen hatte. Auch ging es in der Familie am Wochenende immer gesellig zu. Mein Onkel war ein leidenschaftlicher Akkordeonspieler und brachte immer Stimmung in die Runde.

Wenn wir abends nach Hause fuhren, packte er mir eine große Tüte mit Süßigkeiten ein. In dem Dorf war ganz schön etwas los, als eine Kleincousine meiner Mutter einen Amerikaner heiratete. Was damals eine Sensation war, und es fehlte an nichts. Leider starb der Onkel mit Ende

Dreißig an einem Herzinfarkt und die Verbindung zur Familie brach ab.

Ein kleiner Unfall, der mir sehr in Erinnerung geblieben ist, fällt mir wieder ein. Ich stürzte, fiel auf einer Steintreppe und hatte an der rechten Stirn eine Platzwunde, die im Krankenhaus genäht werden musste. Mein Vater begleitete mich dorthin und als wir wieder in unserer Wohnung ankamen, gab es Himbeerpudding, der von meiner Mutter zubereitet worden war. Noch heute sehe ich die Farbe des Puddings vor meinen Augen, die für mich damals Liebe und Zuneigung bedeutete. Leider konnte sie mir wenig ins Leben mitgeben. Es tut nicht nur weh, was fehlt, es tut auch weh, was hätte sein können.

10

Wir wohnten bei meinem Großeltern mütterlicherseits im Haus, in einer Zweizimmerwohnung mit Dachschräge und meiner geliebten Puppenküche. Ich hielt mich viel bei meinen Großeltern auf, wo ich mich geborgen fühlte. Opa Willi und Oma Lina kamen auch beide aus dem Saarland. Oma aus dem kleinen Dorf Lauterbach im Warndt, damals sehr abgelegen und schlecht erreichbar. Sie erzählte mir immer wieder, wie Willi sich in sie verliebte und sie öfters die Woche 60 km mit dem Fahrrad in ihrem Dorf besuchte.

Als Kind bin ich gerne mit meiner Oma in dieses Dorf gefahren. Sie hatte drei Schwestern und verstand sich mit ihrer Schwester Paula sehr gut, bei der wir übernachteten und die eine Enkelin in meinen Alter hatte. Wir beide gingen manchmal in Carling/Frankreich, genannt City Maroc, dass nur 10 Minuten von Lauterbach entfernt ist, ins französische Kino. Das war ein Erlebnis, die sehr große Leinwand und die andere Sprache, die wir nicht verstanden.

In einem Jahr kam eine Großnichte meiner Großmutter aus Lauterbach zu ihr in Ferien. Sie war ein paar Jahre älter als ich und mochte mich gerne. Mit ihr entdeckte ich die „Hanni und Nanni" Bücher, die mir bis dahin nicht bekannt waren. Sie sang mir auch immer das Lied „Heißer Sand (und ein verlorenes Land)" vor, was damals ein Hit war. Gut hat mir bei unseren Besuchen in Lauterbach gefallen, dass alles sehr altmodisch war und wir empfangen wurden, als kämen wir aus einer Großstadt.

Besonders an Allerheiligen auf dem Friedhof zeigte meine Oma dort gerne ihre Garderobe und ihre roten Lippen, die sie immer hatte, zum Leidwesen ihrer Geschwister. Eine ihrer Schwestern erzählte, dass sie schon als junges Mädchen, beim Kühe hüten, immer rote Lippen hatte. Auch ließ sie sich am Anfang ihrer Ehe einen Bubikopf schneiden und teilte das ihren

Schwestern in einem Brief mit, was für ein Eklat. Mode war für sie wichtig. Mit einer ihrer Schwestern, die sehr altmodisch war, hatte sie deshalb keinen Kontakt mehr. Sie hatte Angst vor Gewittern und wenn es soweit war musste ich mich mit ihr in eine Vorratskammer ohne Fenster einschließen, was gruselig aber auch spannend war.

Eine Freundin von meinen Großeltern die in der Nähe wohnte, war alleinstehend. Ich glaube sie hieß Resi. Von Zeit zu Zeit besuchte ich sie als Kind und stellte fest, dass man bei ihr nichts anrühren durfte. Ihre Möbel glänzten und jede Berührung der Möbel war für sie eine Katastrophe. Trotzdem gefiel es mir mit ihr Kreuzworträtsel zu lösen und Tee zu trinken. Ich hatte das Gefühl, sie ist streng aber etwas Besonderes. Auch hatte meine Großmutter eine gute Freundin, die sehr oft mit ihrem Mann bei meinen Großeltern zuhause oder im Wochenendhaus zu Besuch waren. Ich mochte sie, redete sie aber immer mit Frau Jung an. Ich kann mich nicht mehr erinnern, wie meine Großeltern sie anredeten.

Frau Jung war eine rheinische Frohnatur trotz ihres Schicksalsschlags. Sie hatte zwei Söhne verloren, die nach dem Krieg im Park spielten und auf eine Mine traten, die explodierte und beide in den Tod riss. Jedes Jahr veranstaltete sie mehrere Faschingsfeste in ihrer Wohnung. Faschingsfeste fanden auch immer in der Wohnung meiner Großeltern statt, wo auch ich bis zu einem bestimmten Zeitpunkt dabei war. Frau Jung hatte auch eine Nichte, die eine Tochter in meinem Alter hatte. Sie wohnten 20 km von uns entfernt und wir besuchten sie öfters. Die Familie war aufgeschlossen und die Tochter wurde sehr gefördert, was für mich deutlich spürbar war.

Vor einiger Zeit bekam ich von meiner Kindheitsfreundin Waltraud eine Nachricht, dass sie in einem Geschäft zwei Frauen getroffen hat, die sie mit ihrer Schwester verwechselt haben. Als Waltraud den Namen von der Mutter Lika und von der Tochter Gerrit hörte, kam die Erinnerung. Das war die Nichte von Frau Jung mit ihrer Tochter. Ich bestand bei den Besuchen der Familie immer darauf, dass wir Waltraud dorthin mitnahmen.

Im Sommer besuchte ich meine Schwester und nahm die Gelegenheit war, Waltraud, Lika und Gerrit zum Frühstück zu treffen. Die Mutter von Gerrit ist inzwischen 91 Jahre alt, außergewöhnlich fit, und erzählte viel über frühere Zeiten, die sie mit meinen Großeltern und Eltern verbracht hat. Für sie war es eine wertvolle Zeit mit vielen Feiern. Gerrit redete sehr viel und mir fiel es schwer ihr zu folgen. Mir fehlte die Erinnerung wie sie als Kind ausgesehen hat und wie sie war. Waltraud erinnerte sich, dass sie als Kind sehr frech war und uns kommandierte. Das habe ich wahrscheinlich verdrängt. Meine letzte Begegnung mit Lika und Gerrit fand vor 60 Jahren statt.

Opa Willi war Bauschlosser. Er betrieb damals einen Handwerksbetrieb und beschäftigte zwei bis drei Schlosser. 1957 wandelte er den von ihm bisher allein geführten Handwerksbetrieb in eine Familien GmbH um, die Firma Wilhelm Becker &Co GmbH, Maschinenfabrik. Das Unternehmen, das 1959 ca. 40 Beschäftigte zählte, verlegte die firmeneigenen Räume in das nahe Industriegelände. Das Fertigungsprogramm, das anfangs noch sehr bescheiden war, wurde später erweitert und umfasste die Serienherstellung von Spezialmaschinen für die Betonsteinindustrie sowie komplette Aufbereitungs- und Dosieranlagen. Der Betrieb hatte damals ca. 140 Belegschaftsmitglieder und wurde um 500 qm vergrößert. Das Absatzgebiet der Erzeugnisse erstreckte sich neben der Bundesrepublik auf alle europäischen Länder, insbesondere die Benelux-Staaten sowie auch außereuropäische Länder: Israel, Madagaskar, Kanada, Brasilien usw. Mein Vater war bis 1985 der Geschäftsführer der Firma. Danach ging sie in Konkurs.

Der Opa nahm bis ins hohe Alter rege am kulturellen Leben in Dillingen teil und war Mitbegründer einer Reihe von Vereinen. Sehr oft habe ich erlebt, dass Leute bei ihm einen Rat suchten. Er hatte immer ein offenes Ohr und war hilfsbereit. Er war das älteste von fünf Geschwistern und hatte auch immer ein offenes Ohr für sie und stand ihnen mit Rat und Tat zur Seite. Es waren drei Brüder und eine Schwester, bei deren Geburt die Mutter starb. Besonders ein Bruder, der Alkoholiker war, machte ihm Sorgen. Dieser starb später an einer Leberzirrhose.

Nach dem Tod seiner Mutter heiratete sein Vater wieder und bekam einen weiteren Sohn. Die Stiefmutter war nicht nett zu den Kinder ihres Mannes. Sie trug immer einen Schlüsselbund mit sich herum aus Angst, es könnte jemand etwas aus ihrem Vorratsschrank nehmen. Bei mir bemühte sie sich sehr, schloss den Vorratsschrank auf und gab mir Süßigkeiten. Die Großeltern mochten mich sehr gerne. Ich war ihr erstes Enkelkind. In ihrer Nähe hatte ich Freiheit und wurde wie eine Erwachsene behandelt. Im Sommer fuhr ich oft mit ihnen in ihr 20 km entfernt gelegenes Wochenendhaus an dem schönen Fluss Nied.

Meine Großeltern väterlicherseits waren Opa Leo aus Schwaben und Oma Barbara, genannt Bebschen, aus dem Saarland. Der Opa war Bäcker und kam aus Künzelsau im Nordosten von Baden-Württemberg. Als junger Mann war er auf der Walz im Saarland, wo er meine Oma kennenlernte. Die Oma verlor schon sehr früh ihre Eltern und hatte noch zwei Halbgeschwister aus der ersten Ehe ihres Vaters. Leo und Bebschen heirateten und gründeten eine Bäckerei. Später dann eine Mehlgroßhandlung, mit eigenen Häusern, die aber durch die Misswirtschaft des Geschäftsführers, des Schwagers meines Großvaters, Konkurs ging. Sie verloren alles. Als ich ein Kind war, hatten sie ein Obst- und Gemüsegeschäft mit einer Kartoffelhandlung. Mein Opa fuhr einmal in der Woche mit einem Fuhrwerk Kartoffeln durch die Straßen und bot sie den Leuten an. Mir war es als Kind sehr peinlich, wenn er wie ein Marktschreier die Kartoffeln anpries! Er war ein introvertierter Mensch und diese Verkaufstouren müssen ihm sehr schwer gefallen sein. Im stereotypischen Sinne war er ein echter Schwabe, gutmütig aber sparsam. Oft ging ich mit ihm spazieren und er kaufte mir unterwegs immer eine Süßigkeit. In ein Café oder in eine Wirtschaft zu gehen, war ihm fremd. Wir Enkelkinder freuten uns, wenn er mit uns spielte und versuchte, uns zu ärgern. Gerne kam er auf Stelzen daher und überraschte uns damit. Er hatte auch ein Pferd, das er für sein Fuhrwerk brauchte. Auch gab es viele Katzen bei meinen Großeltern. Die Oma hingegen war couragiert und selbstbewusst. Da sie als junge Frau schon Vollwaise war, wurde sie schnell sehr selbstständig. Nach dem Konkurs der Mehlgroßhandlung nahm sie alles geschäftliche in die Hand. Oma war interessiert am Spirituellen und an der Religion. Sie war Mutter von fünf Kindern, Albert, Cilli, Anni, Otto und Alfred, genannt Fredi, mein Vater. Gerne habe ich ihr zugehört wenn sie mir von der Heiligen Bernadette aus Lourdes erzählte. Ihre Geschichten waren so lebendig und spannend, dass ich mittendrin in der Szene war. Von Zeit zu Zeit ging sie mit ihrer Freundin zum Wallfahrten, was mich sehr beeindruckte. Beide machten sich fein, strahlten und die Vorfreude war spürbar.

Es war damals die einzige Möglichkeit, von Hause wegzukommen. Ihre Freundin hieß auch Barbara und hatte auch einen Obst- und Gemüseladen. Die Tante Cilli und der Onkel Albert, beide alleinstehend, lebten mit der Oma in einem Haushalt. Tante Cilli war eine warmherzige und herzensliebe Frau. Sie nahm sich besonders viel Zeit mit mir zu spielen, zu singen und sich zu unterhalten. Mit ihr ging ich öfters zu einer Muttergottes - Grotte, in der ich mich wie in einem Film erlebte. Ich sehe sie genau vor mir, die Statue, die Votivgaben und die Blumen. Es vermischten sich die Erzählungen von meiner Großmutter aus der Lourdes Grotte mit der Grotte in Dillingen.

Auch meinen ersten Kinofilm „Der süße Brei" der

Gebrüder Grimm schaute ich mit Tante Cilli an.
Noch heute sehe ich den Film vor mir! „Ein Kind,
das allein mit seiner armen Mutter
zusammenlebt, geht um Essen betteln. Eine alte
Frau schenkt ihm einen Zaubertopf, der auf das
Kommando „Töpfchen, koch" süßen Hirsebrei
zubereitet und bei den Worten „Töpfchen, steh"
wieder damit aufhört. Von da an müssen sie nie
wieder hungern. Eines Tages ist das Mädchen
außer Haus, die Mutter befiehlt dem Topf
„Töpfchen, koch", und der Topf kocht Brei. Den
zweiten Spruch hat sie sich nicht gemerkt, sodass
er nicht wieder damit aufhört. Die ganze Stadt ist
bereits unter Brei begraben, als das Kind nach
Hause kommt und zu ihm „Töpfchen, steh" sagt.
Da hört es auf zu kochen. Im Kino hatte ich das
Gefühl, der Brei schwappt aus der Leinwand in
den Zuschauerraum und überschwemmt uns.
Auch gerne war ich mit ihr im Obst und
Gemüseladen und durfte manchmal auch
bedienen, was ich aber aus Schüchternheit nicht
tat. Am besten gefiel mir, wenn Kunden kamen
und meine Tante oder Oma fragte „Was
wünschen sie bitte." Der Satz kam mir sehr
erwachsen vor.
Onkel Albert hingegen ärgerte im Spaß uns Kinder
gerne. Sehr oft war ich dort bei meinen
Großeltern und fühlte mich wohl. Ich spielte gerne
Kirche in der Küche, wo der Opa saß und die Oma

am Sonntag kochte. Die Oma gab mir ihr Kreuz, das sie für ihre letzte Stunde aufbewahrt hatte. In der Rolle der Priesterin fühlte ich mich sehr stark und präsent. Ich forderte alle auf, zu beten und zu singen, was Riesenspaß machte. In dieser Umgebung war ich sehr neugierig und kreativ. Dort spielte ich auch gerne mit Wörtern und wollte unbedingt wissen, wie man sie schreibt. Ich glaube, die Aufmerksamkeit und das Interesse an mir haben mich in dieser Atmosphäre beflügelt. Leider spürte ich mit dem Erwachsenwerden auch dort, dass ich nicht genüge, warum konnte ich mir nicht erklären. Das war eine große Enttäuschung für mich. Als Teenager unterstellte man mir, dass ich meinen Onkel Albert auf der Straße bewusst nicht angeschaut und begrüßt habe. Das stimmte nicht. Ich hatte ihn leider nicht gesehen, was mir keiner geglaubt hat. Ich fühlte mich gedemütigt. An Festtagen trafen sich die Geschwister meines Vaters mit ihren Partnern und Kindern bei meinen Großeltern. Meine Cousinen Rosemarie, Irmtraud, mein Cousin Fred und ich hatten immer viel Spaß miteinander. Ein typisches Spiel für uns war, dass wir in einem Haus in der Straße meiner Großeltern, das zwei Treppenaufgänge hatte, von einer Seite zur anderen immer wieder rauf und runter liefen. Bis eines Tages die Besitzer einen Eimer Wasser über uns schütteten. Auch trafen wir uns öfters in Lampertheim/Hessen, wo meine beiden Cousinen wohnten. Die Konfirmation meiner Cousine Rosemarie hat mich damals sehr beeindruckt. Anders als meine Kommunion, als ich noch ein Kind war. Damals waren wir 14 Jahre und am Abend tanzten wir unentwegt auf den Beatles - Song „Yeah!Yeah!Yeah!".

Später bin ich dort auch in den Ferien gewesen. Besonders mit Rosemarie, die ungefähr im gleichen Alter wie ich war, verstand ich mich gut. Wenn wir zusammen waren heckten wir immer etwas aus. Onkel Otto hatte ein Schwimmbad im Garten und im Übermut, räumten wir die Garage aus und warfen mit Genuss alle Gegenstände ins Schwimmbecken. Mein Onkel war verärgert, aber gnädig.

Später dann mit ca. 15 Jahren schlichen wir uns in der Nacht aus dem Haus und gingen in ein Lokal, wo eine Band spielte. Wir waren stolz auf unsere Cleverness, bis plötzlich meine Cousine Irmtraud mit ihrem Freund die Tür hereinkam, uns beschimpfte und uns mit nach Hause nahm. Wir fühlten uns sehr blamiert vor den jungen Männern, die wir kennengelernt hatten.

Rosemarie heiratete mit 17 Jahren, bekam ein Kind und der Kontakt wurde dadurch weniger. Heute habe ich nur noch einmal im Jahr telefonischen Kontakt mit meiner Cousine Irmtraud.

11

Den „Tag X" meiner Kindheit habe ich noch gut in
Erinnerung. Von den politischen Entscheidungen
in dieser sehr bewegten Zeit der
Volksabstimmung 1955 im Saarland und dem
politischen Anschluss an die Bundesrepublik 1957
hatte ich natürlich nicht viel mitbekommen.
Abgesehen von einigen Situationen, die mein
eigenes Leben direkt betrafen. Beispielsweise der
wirtschaftliche Anschluss an die Bundesrepublik
am 6.Juli 1959. Alteingesessene Fabriken wurden
von großen Unternehmen geschluckt. In unserem
Dorf gab es eine Nudelfabrik mit vielen
Beschäftigten, die von einer großen Nudelfirma
übernommen wurde und später Konkurs machte.
Sehr beeindruckend war für mich, wie ich damals
mit meiner Mutter auf der Bank war und wir die
Francs in glänzende D-Mark umgetauscht haben.
Danach mit ca. vier Jahren kam ich in den
Kindergarten, der sich in der Nähe unserer
Wohnung befand. Der erste Tag war die Hölle. Die
Nonnen mit ihren strengen Regeln und ihrer
Tracht machten mir Angst. Auch wusste ich nicht
wie, mit anderen Kindern in Kontakt zu treten. Die
grünen Metalleimer, mit denen ich gerne gespielt
hätte, waren für mich unerreichbar. Drei Tage nur
ging ich in diesen Kindergarten und war sehr
erleichtert, als meine Eltern und mein Großvater

beschlossen, dass ich dort nicht mehr hinzugehen brauchte. Damit war der Grundstein für meine Angstkarriere gelegt.

Während dieser Zeit mietete eine Familie in unserer Nähe eine Wohnung. Sie hatten eine Tochter, die Elisabeth hieß. Beide saßen wir bei ihrer Ankunft auf einer Steintreppe vor unserem Haus ohne ein Wort zu sagen, spürten die Nähe zueinander und der Samen für die Freundschaft war gelegt. Sie hatte noch jüngere Geschwister und lebte mit ihren Eltern in einer Zweizimmerwohnung. Die Mutter war sehr nett. Die Kinder und die Mutter hatten fürchterliche Angst, wenn der Vater nach Hause kam. Er arbeitete in der Fabrik meines Vaters. So eine Atmosphäre kannte ich nicht, das war neu für mich. Viele Jahrzehnte später bei einem Klassentreffen erzählte sie mir, dass sie eine schwere Kindheit hatte und rechtzeitig von zu Hause ausgezogen ist, was sie noch immer sehr berührt hat.

Jedes Jahr zu Fasching dekorierte die Firma Becker einen Wagen für den Rosenmontagsumzug, in dem ich vorne in der Fahrerkabine neben meinem Vater saß, und zusah, wie die Leute am Straßenrand klatschten und sich freuten. Ich war als Pilz, Neger, Prinz usw. verkleidet. Es gefiel mir gut in eine andere Rolle zu schlüpfen. Auch gab es in jedem Jahr einen Kinderfaschingsball in einer

Gaststätte, wo ich mir jedoch immer etwas verloren vorkam. An einem Sonntag, wir waren mehrere Kinder, spielten wir in einem Lager mit vielen Teerfässern. Wir sprangen von einem Teerfass zum anderen. Ich übersah ein offenes Teerfass, fiel hinein und war bis zu den Haaren voll mit Teer. Die Kinder holten meine Eltern, die mich befreiten. Das Reinigen hinterher war eine Qual. Meine Mutter bedauerte sehr meine neue Kleidung, die ich an diesem Tag zum ersten Mal an hatte.

Nach dem Kindergartenabbruch galt ich in der Familie als schüchtern und man schämte sich für mich. Warum ich so war, interessierte niemanden oder sie wussten es nicht besser. Bald darauf lief ich einer Erzieherin des Kindergartens, die keine Nonne war, ins Fahrrad. Der Vorfall war für mich sehr schlimm. Meinen Eltern traute ich mich nichts zusagen und lebte mit der Angst, dass der Unfall bekannt wird und ich bestraft werde. Nachdem ich die Erzieherin jeden Tag an unserer Wohnung vorbeifahren sah, war ich froh, dass wir zwei Straßen weiter in eine neue Wohnung zogen. In dieser Wohnung änderte sich alles für mich. Die neue Wohnung war hell, groß und nicht weit entfernt von dem Haus meiner Großeltern. Mir begegnete dort ein dunkles, neues Zuhause. Von da an war die Angst mein ständiger Begleiter. Ich sehe heute noch ein schwarzes Loch vor mir. Mein

Herz schlägt schneller und ich bin aufgeregt. Beim Schreiben spüre ich sehr viel Mitgefühl für das Kind von damals, das trotz allem im Alltag lebendig und fröhlich war.

12

Zur gleichen Zeit wurde ich mit fünfeinhalb Jahren eingeschult und von diesem Tag an im April änderte sich schon wieder mein junges Leben. Meine Klassenlehrerin und meine Mitschüler machten mir Angst. Alle Erwachsenen kamen mir wie Ungeheuer vor und ich konnte keinen Blickkontakt mit ihnen halten. Hatte Angst, dass sie mir etwas antun. Der einzige Schutz, der mir blieb, war meine Nebelwand. Jeden Morgen ging ich mit Bauchschmerzen und verklebten Augen aus dem Haus. Ich fühlte mich eng, angespannt und in meiner Haut nicht wohl.

Meine Sitznachbarin in der ersten Klasse war unausstehlich. Wir hatten den gleichen Nachhauseweg, was für mich die Hölle war. Sie schlug auf mich ein, schubste mich und zog mich an den Haaren. Ich konnte mich nicht wehren und ging brav täglich neben ihr, als ob nichts wäre. Dieses Muster, sich nicht zu wehren und ausgeliefert zu sein, begegnete mir im Erwachsenenalter noch öfters. Meinen Eltern traute ich mich nichts zu sagen. Im Gegenteil, ich kam mit dreckigen Kleidern nach hause und wurde dafür noch bestraft. So ging das ca. ein Jahr lang, bis sich herausstellte, dass das Mädchen einen schweren Gehirntumor hatte und kurz darauf starb. Ihr Tod wurde nie in der Schule erwähnt. Ich erfuhr es von meiner Mutter und behielt mein Geheimnis für mich. Ich fühlte mich schuldig, dass ich sie hasste.

Vom Unterricht bekam ich wenig mit und nachmittags ging der Horror weiter. Ich saß über meinen Hausaufgaben, meine Mutter stand hinter mir und schlug ständig auf mich ein, bevor ich überhaupt begreifen konnte, um was es ging. Ich glaube sie hatte eine große Wut auf mich. Sie schlug mich immer wieder auf den Kopf und den Nacken. Ich hatte fürchterliche Angst, schaute unter mich, spannte mich an, biss die Zähne zusammen und hielt die Luft an. Das alles habe ich über mich ergehen lassen, mir blieb leider keine andere Wahl. Erklären konnte meine Mutter mir nichts, aber mich schlagen schon.

Der Kanarienvogel auf unserem Balkon hatte Mitleid mit mir und gab jedes mal während der Hausaufgaben schrille, durchdringende Töne von sich, bis er es nicht mehr packte und sich aus dem Käfig befreite, was ich leider nicht konnte. Ich vermisste ihn sehr. Galten die Schläge den Hausaufgaben oder war es die reine Wut auf mich? Ich schaltete den Teil in mir ab, der seelisch und körperlich schmerzte. Heute noch spüre ich die stummen Schreie und die Schmerzen von der kleinen Vera tief in mir. Die so tapfer war und alles tat, um zu überleben. Mich wundert, dass die Vermieter meiner Eltern, die unten im Haus wohnten, nichts mitbekamen oder nichts mitbekommen wollten. Keine Hilfe von niemanden.

13

Inzwischen hatten meine Eltern ein Haus gebaut und wir zogen wieder um. In der neuen Straße und Umgebung gab es viele Kinder, die im Sommer öfters Völkerball spielten. Was mich störte, war ein älterer Junge, der den Ton angab und uns kommandierte. Das war uns zu viel und wir spielten nicht mehr mit ihm. Meine Erstkommunion, die in dem neuen Haus stattfand, war ein großes Fest. Schmuggeln hatte sich in der Zeit des Saar-Statuts zu einer Art Volkssport entwickelt. Während die Saarländer gerne französische Artikel wie Parfums und Spirituosen mit „ins Reich" nahmen, waren umgekehrt elektronische Haushaltsgeräte, Kleidung und Schuhe aus Deutschland beliebt. Wir haben oft Kleidung in Trier gekauft. Die konnte man gut übereinander anziehen und dann wieder über die Grenze ins Saarland schmuggeln. Was wir auch mit der Ausstattung für die Kommunion machten. Oft hatte ich im Zug Angst, wenn der Zöllner kam und kontrollierte. Es ging immer gut, bis irgendwann ein Zöllner kontrollierte, den meine Mutter nicht kannte. Da wurde die Zugfahrt unterbrochen, meine Mutter musste aus dem Zug steigen und wurde von Kopf bis Fuß genau kontrolliert, was mich sehr erschreckte.

Bei meiner Kommunionsfeier haben alle gegessen, getrunken und waren fröhlich, nur ich fühlte mich ausgeschlossen, obwohl es mein Fest war. Keiner kümmerte sich um mich. Einige Geschenke, die ich von den Nachbarn und Freunden erhalten hatte, schenkte meine Mutter an andere Erstkommunionkinder weiter ohne mich zu fragen. Das tat mir sehr weh. Ich habe noch heute eine Erinnerung an das Buch, das sie verschenkte. Es hatte einen orangen Buchdeckel. Das konnte ich nicht verstehen, da ich ja Bücher liebte. Auch wollte ich mich nicht fotografieren lassen. Auf den Fotos sehe ich verkrampft, angespannt und traurig aus. Besonders hasste ich die Gruppenfotos, die in der Schule gemacht wurden. Am liebsten hätte ich mich davor gedrückt.

Ich habe auch heute noch Schwierigkeiten mich fotografieren zu lassen. Jeder Mensch hat ein Bild von sich selbst, das nicht der Realität entspricht. Am schlimmsten ist es, wenn das andere Bild auf Fotos zu sehen ist und ich mich frage „Wer ist denn diese fremde Frau?" Wenn mir nach langer Zeit ein Bild von mir begegnet, finde ich es gar nicht so schlecht und kann oft nicht verstehen, dass ich mich damals so abgewertet habe. Diese Erkenntnis hilft mir aber leider nicht in einer aktuellen Fotosituation.

Meine Eltern waren keine Kirchgänger und der Glaube spielte keine Rolle. Ich wuchs in der Nähe der Kirche auf. Das Glockengeläut war mir sehr vertraut, versetzte mich aber oft in eine traurige Stimmung. Heute erlebe ich das Glockengeläut als etwas sehr spirituelles und entspannendes. Es ist für mich eine Aufforderung, zuzuhören und in meinem Inneren wach zu bleiben.

Im neuen Haus bekam ich ein eigenes Zimmer, was ungewohnt für mich war. Es machte auf mich einen sehr düsteren Eindruck. Wie am Küchentisch in der alten Wohnung, wo ich geschlagen wurde, musste ich den gleichen Schrank anschauen, der nach dem Umzug in meinem Zimmer stand. Kurz nach dem Umzug bekam ich im heißen Sommer eine schwere Blasen- und Nierenbeckenentzündung, die sechs Wochen dauerte, sehr schmerzhaft war und mir viel Zeit bot, mich mit dem neuen Zimmer vertraut zu machen. Damals glaubte ich, es nicht mehr zu schaffen, gesund zu werden und weinte sehr viel. Mein Vater konnte nicht ertragen, dass ich krank war und verhielt sich mir gegenüber sehr reserviert, was mir Schuldgefühle machte. Oft war ich abends allein zuhause und stellte mich vor den Schlafzimmerklappspiegel meiner Eltern, betrachtete mich von allen Seiten und fragte mich „Bin ich es oder bin ich es nicht?", was mich erschreckte. Ich suchte immer wieder aufs Neue mein Ich.

In dieser Zeit bekam ich Nachhilfeunterricht von einem Lehrer aus meiner Schule. Woche für Woche ging ich mit meiner Nebelwand dorthin. "Ich sehe das Haus des Lehrers vor mir, wie mir seine altmodische Frau die Tür öffnete und ich geradeaus in ein Wohnzimmer ging wo der strenge, kalte Lehrer mich empfing und immer wieder auf mich einschlug. Ich kann mich nicht erinnern, dass er mit mir lernte. Irgend etwas Schlimmes ist dort geschehen, das in meiner Erinnerung wie ausgelöscht ist. Zuhause traute ich mich nichts zu erzählen, denn das hätte für mich alles noch schlimmer gemacht. Woche für Woche ging ich mit meiner Angst dorthin und schaltete innerlich ab. Irgendwann war die Sache dann beendet. Wie und warum weiß ich nicht, es wurde mit mir darüber nie geredet.

Der Nebel hatte mich fest im Griff. Auch hatte ich eine Lehrerin, die mich nicht mochte. Sie bezeichnete mich als dumm und riet meinen Eltern, sie sollten mich in die Hilfsschule, heute Sonderschule, schicken. In dieser Schule, die in einer Baracke untergebracht war, wurden Kinder unterrichtet, die aus einem Milieu kamen, in dem sie keinen Rückhalt von ihren Eltern erfuhren und sich selbst überlassen waren. Man nannte diese Schule im Volksmund auch „Dummenschule". Kinder die eine geistige oder psychische Störung hatten waren dort auch untergebracht. Im wahrsten Sinne des Wortes „untergebracht", sodass sie weg waren von der Straße, mehr nicht. Immer wenn ich dort vorbeiging, bekam ich große Angst und hatte im Hinterkopf dass ich dort vielleicht auch hin muss.

Diese Lehrerin hatte ich neun Jahre und den Stempel „dumm". Im letzten Schuljahr las sie uns das „Tagebuch der Anne Frank" vor. Ich spürte damals, dass sie das Buch ohne Emotionen las und uns anschließend nichts erklärte bzw. nachfragte, wie es uns geht. Es war Schulstoff, sie war verpflichtet, es uns vorzulesen. Das hat mich so schockiert, dass ich erst 40 Jahre danach das „Tagebuch der Anne Frank" für mich las. Niemand erklärte mir etwas und ich spürte, dass man mich aufgab und ich immer hilfloser wurde. Das Lesen brachte ich mir durch Mickey Mouse-Hefte, die immer mittwochs erschienen, selbst bei. Lesen wurde für mich sehr wichtig und ist es heute noch. Es gab viele Ansätze bei mir, zu lernen, die aber leider nicht unterstützt wurden, ich alleine war damit überfordert. Mein Vater erwartete plötzlich sehr viel von mir, was ich nicht erfüllen konnte. Alles musste ich sofort können - ohne Erklärung. Mir wurde nie erklärt, dass Lernen aus Übung besteht und das es ein Prozess ist. Es wurde mir oft gesagt: „Wenn du dich nicht änderst, kommst du in eine Besserungsanstalt". Ich wusste nicht was das war, hatte aber immer sehr große Angst, dorthin zu müssen. Disziplinierende Drohungen wie „Benimm Dich, sonst kommst Du ins Heim" waren bis in die 60er Jahre im Volksmund und in Familien weit verbreitet. Nur sagte mir keiner, wo ich mich ändern sollte. Schläge und Drohungen waren die Antwort. Nie machte ich etwas gut genug. Andere waren besser. Ich war dumm, faul, hässlich, gefräßig und schwer erziehbar laut Aussage meines Vaters. Ich hörte oft den Satz: „Du bist nur fähig, später zu putzten, sonst bleibt dir nichts."

Nachdem ich oft wütend wurde und versuchte mich zu wehren, schlug er mir irgendwann ein blaues Auge mit der Auflage es niemanden zu erzählen, sondern zu sagen, dass ich die Treppe herunter gefallen sei. Vor dem Haarewaschen hatte ich fürchterliche Angst. Mein Vater wurde wütend und hielt meinen Kopf brutal unter Wasser. Danach hatte ich immer Angst vorm Haare waschen, besonders beim Friseur.

Das Allerschlimmste war, dass meine Eltern mich aufgaben. Das spürte ich sehr deutlich. Keiner

machte mehr den Versuch, mich zu unterstützen.
Ich wurde vergessen. Tapfer ging ich jeden
Morgen zur Schule mit meiner Nebelwand. Gerne
wäre ich gewesen wie meine Mitschülerinnen, frei
und interessiert. Den innerlichen Schmerz konnte
ich nicht fühlen. Ich trug ein Geheimnis in mir, das
sich erst Jahrzehnte später offenbarte.

14

Sehr wohl fühlte ich mich mit meiner Freundin
Edith, bei der ich gerne zuhause war und die sehr
nette Eltern hatte. Sie wohnte gegenüber von uns.
Ihre Eltern hatten einen Friseursalon. Die Eltern
schenkten mir jedes Jahr zu meinen Geburtstag
einen Seifenengel. Diese Zuwendung freute und
beeindruckte mich sehr. Edith hatte ältere
Geschwister, die schon studierten. Gerne hielten
wir uns in deren Zimmer auf, denn dort gab es
interessante Gegenstände anzuschauen.
Eines Nachts stand sie bei uns vor der Tür, wollte
ein Schulheft von mir. Meine Mutter sah, dass sie
die Augen zu hatte und schlafwandelte und
begleitete sie nach Hause. Ich bedauerte sehr,
dass sie nach der vierten Klasse Grundschule aufs
Gymnasium ging. Es lag in der Natur der Sache,
dass die Freundschaft dann auseinander ging und
sie ein anderes Umfeld hatte. Mir war damals sehr
bewusst, dass ich da nicht dazu gehöre und das
tat weh. Aus meiner Klasse wechselten nur zwei

Schülerinnen aufs Gymnasium. Es waren Kinder, deren Eltern auch auf dem Gymnasium waren. In meiner Schule legte man dann zwei Klassen zusammen und ich lernte meine Freundin Waltraud kennen. Wir verbrachten viel Zeit zusammen, sie übernachtete oft bei mir und ich bei ihr. Sie hatte vier Geschwister und sehr nette Eltern. In der Familie war immer Leben. Die Mutter nahm sich Zeit für ihre Kinder. Waltraud war auch gerne bei uns zuhause und beneidete mich, dass ich Einzelkind war. Von außen machte mein Elternhaus einen guten Eindruck, (aber ich bin mir nicht sicher, ob es auch wirklich so war). Ich spielte viel draußen. Das Gefühl, nicht zu genügen, verdrängte ich. Als Kind kennst du nichts Anderes und kannst nicht unterscheiden was normal und was schlecht ist. Ich lebte in meiner Welt, in der mich aber tief im Inneren ein Gefühl der Traurigkeit und Schüchternheit begleitete. Bald entdeckte ich die Vereine, meldete mich bei den Pfadfindern und beim Roten Kreuz an. Mit meiner Freundin Waltraud ging ich zum Florettfechten, was uns viel Spaß machte, aber auch ein anstrengendes Training war. Ich war stolz auf mein Florett und meine Maske, die ich mir von meinem Ersparten kaufte. Das Florett kostete damals 17,77 DM und die Maske 19,99 DM. Die Vereine waren trotz meiner Schüchternheit sehr wichtig für mich, denn schon damals spürte ich, dass ich auf der Suche nach etwas war.

Wir bekamen beide zu Weihnachten ein hellgrünes „Göricke"-Fahrrad, was für mich eine sehr große Überraschung war, mit der ich nicht mehr gerechnet hatte. Beide waren wir sehr stolz darauf. Waltraud bekam Ende der 50er Jahre Kinderlähmung. Ich durfte sie wegen der Ansteckung nicht besuchen. Das war schlimm für mich und beunruhigte mich. Damals traten im Saarland vermehrt Fälle von Kinderlähmung auf. Als vorbeugende Maßnahme wurden sogar Kinos und Schwimmbäder geschlossen und sportliche Betätigung für Kinder untersagt. Erst die Einführung des Lebendimpfstoffs 1962 drängte den Erreger wirklich zurück. Das war die Schluckimpfung, die Kindern mit einem Stück Würfelzucker verabreicht wurde. Und um den Erfolg zu garantieren, wurde mehr als zwanzig Jahre lang den Deutschen ein Satz immer wieder eingehämmert: "Kinderlähmung ist grausam, Schluckimpfung ist süß". Froh war ich, dass meine Freundin keine Schäden zurück behalten hatte.

Mein Geburtstag kurz vor Weihnachten wurde immer gefeiert. Meine Mutter gab sich viel Mühe, mir einen schönen Geburtstag zu gestalten, mit Kuchen und Abendessen. Es kamen viele Kinder und wir hatten Spaß. Da es oft der letzte Schultag vor den Ferien war, durften die Kinder bis abends spät bleiben.

15

Wie schon erwähnt, verbrachte ich mit meinen Großeltern mütterlicherseits sehr viel Zeit in deren Wochenendhaus im Grafental/Hemmersdorf, das an dem Fluss Nied in einer wunderschönen, damals unberührten Natur lag. Ich saß dort oft auf einer Anhöhe unter Bäumen, die umrankt waren von Efeu, und schaute auf den Fluss, der an dieser Stelle eine reißende Strömung hatte. Die Bäume waren meine Freunde. Ich erzählten ihnen, was mich bedrückte und plötzlich wurde alles hell und klar. Ich fühlte mich getragen und verstanden. Mit Gerd, dem Bruder meiner Mutter, der nur 10 Jahre älter ist als ich, verbrachte ich als Kind viel Zeit. Er nahm mich oft zu seinen Freunden mit oder wir gingen in eine Eisdiele mit einer Musikbox, was damals sehr in Mode war. Mit ihm paddelte ich mit dem Kajak den Fluss entlang. Die Bäume, deren Äste am Ufer ans Wasser rankten und das viele Grün waren sehr idyllisch. Es gab dort die Gastwirtschaft zur Wackenmühle und einen Campingplatz. Im Sommer war am Wochenende in der Gaststätte fröhliches Treiben und der Campingplatz voll besetzt.
Die alte Wackenmühle an der Nied ist einige hundert Jahre alt. Den Campingplatz gibt es inzwischen nicht mehr, die alte Mühle ist aber

immer noch voller Leben. Im Sommer stets voll besetzt. Und ganz im Trend der erneuerbaren Energien, wird mit dem alten Mühlrad heute Strom erzeugt - im Sommer immerhin bis zu 25 Prozent des Eigenbedarfs.

Sehr oft ging ich mit meinen Großeltern in diese Gaststätte. Ein Highlight für mich. Im Sommer trafen sich auch viele Bewohner der Wochenendhäuser am Samstag bei einem Müller, der eine Kornmühle betrieb und privat Getränke in seiner Küche verkaufte. Es wurde gesungen und getanzt und ich durfte solange aufbleiben wie die Erwachsenen. Das alles liebte ich und es war sehr spannend für mich. Mein Vater war von diesen Ausflügen nicht begeistert und wollte sie oft verhindern.

Meine Großeltern nahmen auch immer mich und meine Freundinnen mit in ihr Wochenendhaus oder zu Besuch nach Schwerdorff in den Weiler Cottendorff in Lothringen/Frankreich zu ihren Freundinnen Siska und Klärchen, die Geschwister waren. Es sah in Cottendorff aus wie in einer anderen Zeit. Dort gab es kein fließendes Wasser. Mit einer Schwengelpumpe über dem Spülstein förderte man das Wasser aus dem darunter liegenden Brunnen. Elektrisches Licht war ebenfalls nicht vorhanden. Wenn wir dort zu Besuch waren, achteten meine Großeltern darauf, dass wir vor der Dunkelheit nach Hause fuhren.

Wir wurden immer mit viel Herzlichkeit empfangen. Man muss sich vorstellen, dass sie kein Telefon hatten und wir unangemeldet auftauchten, was nie ein Problem war. Später arbeitete Klärchen in einer Fabrik in Saarlouis und wohnte unter der Woche bei meinem Großeltern bis sie heiratete.

Meine Großeltern hatten einen Hund, einen Riesenschnauzer, der Galland hieß. Er war mir sehr treu und begleitete mich überall hin, was mir sehr peinlich war, denn die anderen Kinder lachten mich aus. Leider musste er eingeschläfert werden. Ich vergesse nicht wie er abtransportiert wurde und ich jämmerlich weinte. Damals habe ich mir geschworen, dass ich nie einen Hund haben möchte, um dieses Leid zu vermeiden.

16

Meine Eltern schafften sich ein Klavier an und ich bekam Unterricht von einem sehr strengen, in meinen Augen alten Lehrer. Das Klavierspielen machte mir Spaß, aber leider hatte ich große Angst, was passieren würde wenn ich etwas falsch machte. Ich war in jeder Stunde angespannt und im Nebel. Die Klavierstunden wurden eine Überforderung für mich. Auch traute ich mich nicht zu üben, weil ich überzeugt war, dass ich alles sofort können muss. Die Klavierstunden hörten dann irgendwann auf. Mein Vater nahm zur gleichen Zeit Klavierunterricht, was den Druck noch erhöhte.

Nachdem ich Mitglied beim „Roten Kreuz" war, das eine Weihnachtsfeier vorbereitete, fragte mich die Gruppenleiterin, ob ich Lust hätte an diesem Abend Klavier zu spielen. Ich sagte ja, ohne dass mir jemand erzählte hätte,was da auf mich zukommt. Keiner erklärte mir was Lampenfieber ist und was mich auf der Bühne erwartet. Der Saal war gefüllt mit ca. 200 Leuten. Als ich vor dem Klavier saß, bekam ich schreckliche Angst und einen Blackout. Ich merkte sofort, dass ich daneben Griff, machte aber weiter und fieberte dem Ende entgegen. Das Publikum applaudierte trotzdem, ich aber war sehr beschämt. Auch meine Eltern, die im Publikum saßen unterstützen mich vorher und nachher nicht. Im Gegenteil, mein Vater lachte mich aus und beschämte mich. Meine erste Bühnenerfahrung ging leider daneben.

17

Ohne dass ich informiert wurde, berieten meine Eltern und Großeltern, ob ich die Restschulzeit in einem Internat in Frankreich verbringen sollte. Sie bezogen meinen Lehrer, der damals Direktor der Schule war, mit in die Entscheidung ein. Folgende Szene spielte sich damals ab: Meine Eltern und Großeltern, der Direktor und ich sind im

Wohnzimmer meiner Großeltern. Mein Vater steht in der Nähe der Tür, meine Mutter an ein Buffet gelehnt. Meine Großeltern und der Direktor sitzen am Tisch in einem Erker. Ich stehe in der Mitte des Raumes, den Kopf nach unten geneigt und schaue auf den Perserteppich. Alle Anwesenden betonen, wie schlimm es doch sei, dass ich so schüchtern bin. Alle außer meinem Vater, der schweigt, besprechen über meinen Kopf hinweg, dass es gut für mich wäre, in ein Internat nach Frankreich zu gehen. Ich spürte Scham und Panik in mir aufsteigen. Mir war bewusst, dass ich die neue Schule nicht schaffe, weil ich ja dumm bin. Ich schaute einen Augenblick nach oben zu meinem Vater und sah, wie er mich schweigend anschaut. Ich fühlte mich einsam, verlassen und beschämt. Bis mich irgendwann der Schuldirektor bemerkt und mich bemitleidet wegen meiner Schüchternheit, was mich noch mehr beschämt. Auch von diesem Pädagogen bekomme ich keine Hilfe. Das Gefühl, mir hilft keiner, ich werde nicht gefragt, man will mich abschieben und vorgeworfene Schüchternheit bestimmtem mein weiteres Leben.

Von einem Internat hörte ich nie wieder etwas. Heute glaube ich, dass es mit meinem Missbrauch zu tun hatte, denn der Blick meines Vaters signalisierte mir das Geheimnis zu bewahren.

Danach wurde alles noch schlimmer. Ich wurde als Hure bezeichnet und verstand überhaupt nicht, was das bedeutete.

18

In den Sommerferien fuhren wir jedes Jahr nach Kärnten an den Wörthersee. Die Reise ging oft über den Großglockner, wo zu meiner Überraschung Schnee lag, was mich immer wieder faszinierte und mir wie ein Wunder vorkam. Im See lernte ich schwimmen, war stolz auf mich und wollte nicht mehr aus dem Wasser. Nachdem wir an der Stelle des Sees schwammen, der frei zugänglich war, wollte ich unbedingt auch das Strandbad kennenlernen. Ich glaubte, dort ist alles besser und schöner. Mir wurde mein Wunsch erfüllt, und ich war sehr enttäuscht, denn dort waren sehr viele Menschen und man durfte nicht ins Wasser springen. Danach wollte ich nur noch an die alte Stelle am See zurück.

Die Besitzer der Pension, in der wir wohnten, hatten einen Enkel, der jeden Sommer die Ferien bei ihnen verbrachte. Wir freundeten uns an und verbrachten viel Zeit zusammen. Wir nahmen ihn mit zum See und sein Großvater ging mit uns Kindern in die Berge zum Aprikosenernten. Ich war während dieser Urlaubsaufenthalte so im Spiel versunken und von den Eindrücken begeistert, dass ich alles um mich herum vergaß. Besonders liebte ich die Ausflüge nach Italien/Tarvisio zum Markt. Der Markt war damals sehr bekannt und bot alles was mein Herz begehrte: Skipullover, goldene Ballerinas und vieles mehr. Nach vielen Kämpfen schaffte ich es immer wieder, dass meine Wünsche erfüllt wurden. Leider waren die Urlaube oft von den Streitigkeiten meiner Eltern beeinträchtigt. Auch da gab es dunkle Flecken, an die ich mich nicht mehr erinnern kann. Ich kann es nur erahnen.

19

Meine Mutter hatte an einem Abend Besuch von ihren Freundinnen und ich hörte aus meinem Bett heraus, wie sie sagte „Ich kann mit diesem Kind nichts anfangen". Das tat mir sehr weh, es schnürte mir die Kehle zu und fühlte sich auch bedrohlich an. Es war so schlimm für mich, dass ich es schnell verdrängte. Später wurde Verdrängen ein Muster, wenn ich spürte, dass ich abgelehnt wurde. Ich fühlte mich dann hilflos und machte alles an meiner Person fest. Auf die Idee, dass es nicht nur an mir lag, bin ich nicht gekommen. Das ging soweit, dass ich hoffte, doch irgendwann Anerkennung zu bekommen. Der Schuss ging leider nach hinten los und war nicht förderlich für mein Selbstbewusstsein.

20

Mit 11 Jahren erfuhr ich von meiner Freundin Waltraud, dass ich ein Geschwisterchen bekomme. Meine Großmutter mütterlicherseits bestätigte mir die Neuigkeit. Ich konnte es kaum glauben und wusste nicht, wie ich mich meiner Mutter gegenüber verhalten sollte. Mit mir wurde in der Familie nie darüber geredet.

Unvorstellbar! Die Schwangerschaft meiner Mutter war keine gute Zeit für mich. Oft bekam ich die Aggression und die Unzufriedenheit meiner Mutter zu spüren. Sie war in dieser Zeit sehr ekelhaft zu mir und unterstellte mir oft, dass ich sie provozierend anschaue. Dafür setzte es dann Schläge. Ich verstand nicht, was ich getan hatte. Die Wut auf mich muss sehr groß gewesen sein. Schwangerschaft war von diesem Zeitpunkt an für mich etwas Geheimnisvolles, Schreckliches und Beschämendes. Zu Beginn der Schwangerschaft meiner Mutter bekam mein Vater, als ich mit ihm alleine war, einen Herzanfall. Er bekam schlecht Luft und ging in den Keller, um in der feuchten Luft besser atmen zu können. Nach einiger Zeit bin ich ihm in den Keller gefolgt, um ihm etwas zu erzählen. Dort sah ich ihn in der Ecke stehen. Alles, was er in russischer Gefangenschaft erlebt hatte, schaffte sich einen Weg nach oben. Er bekam kaum Luft. Das angestaute Leid kam aus ihm heraus, wie ein Fass, das überläuft. Ich stand an der Tür neben der Wäscheschleuder, beobachtete das Ganze, war hilflos und wurde starr vor Schreck. Irgendwann kam meine Mutter mit einem Arzt, der einen „Russlandkollaps" diagnostizierte. Ich erwachte aus meiner Starre und stand ganz alleine dort, ohne dass mich jemand wahrnahm.

Es wurde nie über diesen Vorfall gesprochen. Ich war zwölf Jahre alt und noch ein Kind. Einige Zeit später fuhr mein Vater dann zur Kur nach Bad Harzburg. Von dort aus schrieb er an meine Mutter und mich einen Brief, indem er mein Verhalten kritisierte und mir drohte. Kein Wort darüber, dass sein Trauma, das hoch kam, auch mich belastete. Das Kriegstrauma schaffte sich seinen Weg nach draußen, bevor meine Schwester geboren wurde. Bis es dann endlich soweit war und meine Schwester Barbara per Hausgeburt zur Welt kam. Ich freute mich sehr über ihre Ankunft. Endlich stand nicht mehr ich im Mittelpunkt. Im Gegenteil, ich machte meine Schwester Barbara zum Mittelpunkt, indem ich sehr oft die Babypflege übernahm und sie bei mir übernachtete.

Auch meine Freundin Waltraud bekam zur gleichen Zeit eine Schwester. Wir waren stolz auf unsere Schwestern und gingen täglich mit ihnen im Kinderwagen spazieren. Als Barbara sechs

Wochen alt war fuhren meine Eltern mit mir nach Sylt in den Urlaub. Barbara blieb bei meinen Großeltern. Es belastete mich sehr, sie zurückzulassen. Ich konnte nicht verstehen, dass meine Eltern das taten. Schlimmer war es noch, als wir zurück kamen und sie uns nicht mehr erkannte.

21

Kurz danach bekam ich an einem Freitag in der Schule heftige Bauchschmerzen. Der Lehrer schickte mich mit einer Schulkameradin, die mich begleiten sollte, nach Hause. Noch am gleichen Tag musste ich ins Krankenhaus und am Blinddarm operiert werden. Ich hatte fürchterliche Angst zu sterben. Da eine Woche zuvor eine Schulkameradin an einer Blinddarmentzündung gestorben war, war ich sehr verunsichert. Bis mir der Arzt mitteilte, dass sie noch andere medizinische Probleme gehabt hätte. Was genau, haben meine Schulklasse und ich nie erfahren. Es wurde ein Geheimnis daraus gemacht. Mein Vater begleitete mich ins Krankenhaus und ich bekam noch im Flur eine Anästhesie. Die Ärzte und Krankenschwestern hielten mich für sehr tapfer. Trotz großer Angst war die Kraft vorhanden, alles durchzustehen. Das hatte ich ja gelernt. Mein Vater besuchte mich in diesen acht Tagen täglich im Krankenhaus. Meine

Mutter kam nur einmal. Nachdem meine Schwester erst sieben Wochen alt war, hatte sie keine Zeit für mich. Ich hatte mich schon daran gewöhnt, den Schmerz, dass sie mir fehlte, zu unterdrücken und vermisste sie nicht.

Nach der Operation fühlte ich mich zuhause sehr schwach, was keiner zur Kenntnis nahm.

22

In dem Jahr verbrachte ich die Ferien bei der jüngsten Schwester meines Großvaters.Tante Maria in Solingen hatte eine Tochter, die zwei Jahre jünger war als ich und Beate hieß. Es war das erste Mal, dass ich alleine von zuhause weg war. Dort erlebte ich eine Familie, deren Gewohnheiten mir sehr fremd waren. Der Mann meiner Tante war Zahnarzt, sehr nervös und schaute immer während des Essens Fernsehen. Später erfuhr ich, dass er Zahnarzt im KZ Dachau gewesen war. Trotz aller Bemühungen von Seiten meiner Tante und ihrer Tochter Beate fühlte ich mich fehl am Platze. Ich wusste nicht, wie ich mich verhalten sollte und hatte Angst, nicht zu genügen. An einen Zoobesuch in Wuppertal erinnere mich noch gut. Es war mein erster Besuch in einem Zoo. Ich war so eingeschüchtert, dass ich nichts wahrnahm. Die Tante und der Onkel glaubten ich hätte kein Interesse gehabt. Das alles überschattete den Besuch. Trotz aller

Probleme zuhause bekam ich fürchterliches
Heimweh nach dem Gewohnten.

23

Meine Eltern bauten mal wieder das Haus um und
ich verbrachte in dieser Zeit 14 Tage bei meinen
Großeltern mütterlicherseits. Während meines
Aufenthalts bekam ich eine schwere Grippe.
Meine Eltern habe ich in dieser Zeit kein einziges
Mal gesehen. Dies setzte mir so zu, dass ich nichts
mehr essen konnte. Ich wartete und wartete, aber
meine Eltern kamen nicht. Dabei wohnten wir nur
zwei Straßen voneinander entfernt. Der
Musikschrank meiner Großeltern tröstete mich.
Ich hörte gerne Musik. Besonders faszinierten
mich aber die Radiosprecher. Als kleines Kind
dachte ich, da sitzt ein Mann ganz eng im Radio
und ich dachte, da will ich auch sein. Noch heute
ist der Beruf der Radiomoderatorin ein Traum für
mich.

24

Mein Leben ging weiter im Wirtschaftswunder
Deutschland. An materiellen Dingen fehlte es mir
nicht. Meine Eltern stritten sehr viel und es gab
nie Ruhe und Geborgenheit. Die materiellen Dinge
standen hoch im Kurs. Es wurde, wenn in der
Beziehung nichts ging, das Haus umgebaut. Oft

wünschte ich mir, dass meine Eltern sich trennten. Aber auch an diesen Zustand der Streitereien hatte ich mich mittlerweile gewöhnt. Außerhalb meiner Familie war mir das alles sehr peinlich und ich schämte mich.

Die sechziger Jahre waren mit den Beatles, Rolling Stones-Songs und dem Minirock für uns Teenager das höchste. Wir tapezierten uns die Wände voll mit Stars und versuchten, auf dem Speicher meiner Eltern die ersten Zigaretten zu rauchen. Dort hatten wir uns ein kleines Depot mit Raucherutensilien angelegt. Es war die Zeit der Adenauer-Ära und politisch wurde in meinem Elternhaus, das konservativ war, nicht diskutiert. Das Wirtschaftswunder stand im Vordergrund, was ich ihnen auch nach der schlimmen Kriegszeit nicht verdenken kann.

Ich beneidete alle Schüler die auf dem Gymnasium waren. Aus meiner Sicht waren sie ganz anders als wir Hauptschüler. Sie sahen anders aus, redeten über andere Themen und hatten viele Pläne für die Zukunft. Eine Zeitlang hatte ich Kontakt zu so einer Clique, bis ich spürte, dass dort nicht der richtige Platz für mich war. Ich wollte dazugehören, leider war es mir wegen meiner „Dummheit", von der ich überzeugt war, nicht erlaubt. Das alles tat sehr weh. Noch heute gibt es mir einen Stich in mein Herz, wenn ich daran denke. Bildung, Wissensdurst und

Neugierde wurden nicht unterstützt von meinem
Elternhaus und auch nicht vermittelt. Wie kann
ein Kind lernen, wenn es ständig damit beschäftigt
ist, zu Verdrängen, um seine Schmerzen und
Ängste nicht spüren zu müssen.
Ich hatte mich hinter meiner Nebelwand
versteckt, damit man mich nicht wahrnahm und
glaubte, dass man mich so in Ruhe ließe. Das
Gegenteil war der Fall, mir wurde durch dieses
Verhalten noch mehr Leid zugefügt. Mein
Urvertrauen wurde zerstört. Ich vertraute
niemand mehr, ging auf Distanz und vermied
Nähe. Auch bekam ich eine starke Akne, die mich
begleitete bis ich später, als ich schon von
zuhause weg war, anfing, an mir zu arbeiten.

25

Wenn man als Kind geprügelt und missbraucht
wird, fühlt man sich wie ein Stück Dreck. Noch
schlimmer ist es, auch verhöhnt, abgewertet und
beschämt zu werden. Prügelstrafen waren in den
fünfziger und sechziger Jahren üblich. Damals
standen Ordnung, Fleiß und keine Widerrede
gegenüber Erwachsenen hoch im Kurs. Diese
Werte waren der vermeintliche Garant für
Sicherheit und Wohlstand. Die traumatischen
Kriegserlebnisse, die nie thematisiert wurden,
setzten die Menschen unter Druck und Stress. Das
Zuschlagen war vielleicht eine Möglichkeit, den

Frust und die Wut abzubauen oder auch die Gewalt, die sie erfahren haben, weiterzugeben.

Prügelstrafe hat bei Kindern allem Anschein nach Auswirkungen auf die Intelligenz. Dies ergab eine Studie der University of New Hampshire mit 1500 Kindern, deren Ergebnis die Welt im September 2009 in ihrer Online-Ausgabe veröffentlichte. Danach entwickeln sich geprügelte Kinder langsamer und haben einen niedrigeren Intelligenzquotienten als ihre Altersgenossen. Grund ist, dass die Kinder bei körperlicher Bestrafung viel Stress empfinden, der zu einem chronischen Stresszustand werden und über Jahre andauern kann. Die Folge davon sind Angstzustände oder auch leichtes Erschrecken, die die Entwicklung der Intelligenz beeinflussen.
Die nachfolgende Aussage des Reformpädagogen und langjährigen Leiters der Summerhill-Schule, drückt ganz gut aus, wie das Leben eines Kindes mit meiner Erfahrung verlaufen kann.
Das geformte, abgerichtete, disziplinierte, gehemmte Kind findet man überall auf der Welt. Man braucht nur über die Straße zugehen. Es sitzt in einer ungemütlichen Bank in einer ungemütlichen Schule. Später wird es dann noch ungemütlicher am Schreibtisch in seinem Büro sitzen oder an einer Werkbank in einer Fabrik. Ein solches Kind ist fügsam, es gehorcht der Autorität

aufs Wort, fürchtet sich vor Kritik und wünscht fast fanatisch, normal, konventionell und korrekt zu sein. Es nimmt alles, was ihm beigebracht wird, beinahe ohne Frage hin und wird all seine Komplexe, seine Ängste und seine Frustrationen an die eigenen Kinder weitergeben.

A. S. Neill, Summerhill

Diese Aussage trifft genau was ich in meinem Leben erlebt und erfahren habe. Was für ein Glück, dass ich es nicht an meine Tochter weitergegeben habe. Dummheit ist erlernbar, keiner wird dumm geboren. Wenn du immer wieder als Kind hörst, dass du dumm bist ,glaubst du das und es wird dir durch dein Verhalten von allen Seiten bestätigt. Besonders Kinder sind im Verhalten und in der Selbsteinschätzung vom Urteil der Umgebung abhängig. Die angebliche Dummheit habe ich kompensiert, indem ich sehr angepasst war und versuchte, nicht viel zu reden. Der Standardsatz meines Vater war „Wer dumm ist soll seinen Mund halten".

26

Das Schulende kam immer näher und ich hatte keinen Berufswunsch. Wünsche zu äußern, traute ich mich nicht, denn meiner Erfahrung nach lachte man über mich und äußerte sich abfällig, wenn ich ein Bedürfnis anmeldete, das nicht in das Konzept meiner Familie passte. Mit der Zeit wusste ich nicht mehr, welche Bedürfnisse ich überhaupt hatte. Jetzt beginnt der Ernst des Lebens, hörte ich immer wieder, ohne dass man mich unterstützte in der Berufswahl.

Mein Großvater mütterlicherseits hatte mir zum Abschluss der Schule eine Figur, die die „Drei weisen Affen" darstellte, geschenkt. Ihre Bedeutung „Nichts hören, nichts sehen, nichts sagen" kommentierte er mit: „Das ist das Beste was du machen kannst". Warum er das tat, lasse ich mal unkommentiert stehen. Dieser Satz machte mich sehr traurig und ich weinte deshalb viel, wenn ich alleine war.

Mit dieser Aussage fühlte ich mich sehr ausgeliefert. Sie beinhaltete für mich, dass ich keine Chance habe im Leben. So entschied dann mein Vater über meinen Kopf hinweg, dass ich eine Lehre als Industriekauffrau in der Maschinenfabrik meines Großvaters, in der mein Vater Geschäftsführer war, machen sollte. Es war dort sehr schwer für mich. Ich hatte keinen Spaß an dem Beruf und an der Branche. Hinzu kam, dass ich die Tochter vom Chef war und ich mich auch deshalb sehr unwohl fühlte. Die Mitarbeiter waren alle nett zu mir, ich aber spürte, dass es für mich nicht stimmig war, dort zu sein. Ich machte mich klein und unsichtbar. In der Berufsschule nahm ich wieder meine Nebelwand wahr. Ich fühlte mich dort unsicher, sehr ängstlich und innerlich einsam.

Mein Vater nahm mich eine Woche mit zur Hannover Messe, auf der die Fa. Becker einen Stand hatte. Ich war überfordert und hatte Angst etwas falsch zumachen. Abends ging ich mit meinen Vater zum Essen und die Atmosphäre war für mich so bedrückend, dass ich nicht wusste was ich reden sollte. Stattdessen stopfte ich Essen in mich hinein, was mir nicht gut tat. Auch mit meinem Körper war ich nicht mehr einverstanden. Fand mich hässlich, dick und lehnte mich total ab. Ich war im Krieg mit mir und meinem Körper. Was ich damals nicht einordnen konnte war das Globusgefühl in meinem Hals. Dieses Syndrom machte sich mit einem Fremdkörpergefühl und stressbedingtem Luftschlucken bemerkbar. Schlank war in dieser Zeit- als Vorbild galt das Modell Twiggi, sehr angesagt. Ich glaubte fest daran, dass sich mein Leben, wenn ich schlanker und hübscher wäre, ändern würde. Täglich langweilte ich mich in diesem Beruf.

Um alles gut zu überstehen, träumte ich davon in einer anderen Stadt zu leben und einen anderen Beruf zu ergreifen. Mir fehlten die Erfolgserlebnisse in diesem Beruf, was mir erst heute bewusst ist. Zuhause fand ich keine Unterstützung, nur den Kommentar „Du kommst

unter die Räder und landest in der Gosse".
Meinen Traum ließ ich mir jedoch nicht nehmen
und träumte weiter.

27

Meinen ersten Freund lernte ich durch meine
Freundin Birgit kennen. Ihr Freund war mit
meinem Freund befreundet. Wir trafen uns fast
jeden Tag. Die Nähe zu ihm machte mir Angst. Ich
wusste nicht, wie ich damit umgehen sollte. Mehr
und mehr spürte ich wie er sich über mich ärgerte,
weil ich ihn körperlich ablehnte. Irgendwann teilte
er mir mit, dass er eine neue Freundin hatte. Für
mich kam das sehr überraschend. Ich war sehr
traurig und fühlte mich einsam. Mir war nicht
bewusst, um was es ging und was bei mir nicht
stimmte.
Heute ist mir bewusst, dass der Umgang mit Jungs
mir immer großen inneren Stress bereitete. Ich
fühlte mich gehemmt, unfähig, suchte nach
Ausflüchten und vermied mit ihnen alleine zu sein.
Auch heute kann es mir manchmal passieren, dass
ich mich in der Gegenwart von einem bestimmten
Typ Mann unfähig erlebe.

28

Zuhause ging der Krieg weiter. Meine Eltern
stritten weiter sehr viel und wurden auch beide

handgreiflich. Ich hielt die Keiferei fast nicht mehr aus, hielt mir im Bett die Ohren zu. Mein Vater hatte eine Geliebte, eine Katastrophe für meine Mutter. Meine Schwester und ich wurden nicht mehr wahrgenommen. Diese Atmosphäre war für mich so erdrückend, dass ich nichts mehr essen konnte. Ich wurde immer dünner und keiner nahm es war. Immer wieder erlebte ich, wie sich Nähe, Kränkung, Kritik und Bewunderung abwechselten, was ich nicht verstehen konnte. Mir wäre es lieber gewesen, ich hätte einfach einen bösen Vater gehabt. So hatte ich nie eine Sicherheit, was stimmte und was nicht. Ich erinnere mich an eine Szene, in der ich mich körperlich gegen meinen Vater wehrte. Er wollte wütend auf mich zugehen, ich schlug mit den Türen und er kam hinter mir her. Wie genau sich das abspielte, ist mir nicht mehr in Erinnerung. Ich weiß nur noch, dass ich mich auch verbal gewehrt habe. Danach sprach er einige Wochen nicht mehr mit mir, was grausam war.

Danach, wie immer, wurde weitergemacht, als ob nichts passiert wäre. Dieses Verhalten ließ jedes Mal mein Inneres erstarren. Vor lauter Angst spielte ich mit. Irgendwann ist dieses „Weitermachen als ob nichts wäre", ohne es zu bemerken, selbstverständlich für mich geworden. Dadurch habe ich leider mein Gefühl der Kränkung abgespalten. Jeden Abend betete ich, einen Weg zu finden, von zuhause wegzukommen, egal was danach passiert. Ich machte mit dem Universum einen Deal, dass ich alles durchstehen würde, egal was kommt, nur weg. Meine Eltern kämpften mit allen Mitteln, um mich nicht loslassen zu müssen, warum kann ich mir nicht erklären. Mit 18 Jahren machte ich den Führerschein und bekam ein Auto. Das bedeutete ein großes Stück Unabhängigkeit für mich. Auch die Urlaube mit Freundinnen in Rhodos oder Amsterdam gaben mir das Gefühl der weiten Welt, von der ich noch mehr sehen wollte.

Mein Grundgefühl in dieser Zeit war Einsamkeit und Traurigkeit. Ich fühlte mich wie abgekapselt. Leider bekam ich die Aufbruchstimmung der 68er nur ansatzweise aus dem Fernsehen mit. In der Kleinstadt, in der ich lebte, war wenig davon zu spüren. Wie zum Beispiel 1968, der weltweite Protest gegen das Engagement der USA im Vietnamkrieg. Am 18. Februar 1968 zogen 12.000 Demonstranten durch West-Berlin. Oder die Debatte um die Vergangenheit des Bundeskanzlers Kurt Georg Kiesinger, der zur Zeit des Nationalsozialismus NSDAP- Mitglied und Mitarbeiter des Auswärtigen Amts war. Es kam zur Aktion von Beate Klarsfeld, die Kiesinger am 7. November 1968 auf dem CDU-Parteitag in Berlin vor laufenden Fernsehkameras ohrfeigte und einen „Nazi" nannte. Eine taffe, mutige Frau! Es geschah noch vieles mehr, was aber den Rahmen dieses Buches sprengen würde. Das alles fand ich sehr interessant. Leider hatte ich niemand in meinen Umgebung, mit dem ich darüber reden konnte.

Erwähnt sei noch die Rote Armee Fraktion, (RAF). Die linksextremistische terroristische Vereinigung, die anfangs als „Baader-Meinhof-Bande" bekannt wurde, hielt mehr als zwei Jahrzehnte die Bundesrepublik in Atem. Die Mitglieder der Gruppe führten vor allem in den 1970er und 1980er Jahren einen bewaffneten Kampf gegen alle, die in Deutschland „etwas zu sagen hatten". Nicht wenige Menschen sympathisierten mit der linksradikalen Ideologie der RAF. Am Anfang hatte sie auch auf mich eine außerordentlich hohe Anziehungskraft, bis zu dem Zeitpunkt der ersten Morde.

Es war auch die Zeit, in der die erste Mondlandung stattfand. In der Nacht zum 21.Juli 1969 betrat der Astronaut Neil Armstrong als erster Mensch den Mond. Mit der Apollo11-Landefähre Eagle steuerten erstmals Menschen die Mondoberfläche an. Das Raumfahrtabenteuer in 400.000 Kilometern Entfernung war ein riesiges Medienereignis. Mehr als 500 Millionen Zuschauer, so wird geschätzt, verfolgten die Live-Fernsehbilder. „Landung auf dem Mond", so hieß die Sendung, die viereinhalb Stunden dauerte. Im

Vorfeld wurde so viel darüber geredet, dass ich mich auf diese Nacht freute. Leider war ich sehr enttäuscht. Auf den Schwarz-Weiß-Bildern im Fernsehen war alles nur schemenhaft zu erkennen. Ich langweilte mich und schlief ein.

29

Mit meiner damaligen Freundin Annemarie, die ich in der Firma meines Vaters kennenlernte, machte ich eine anstrengende Busfahrt nach Amsterdam um die Stadt kennenzulernen, die uns sehr faszinierte. Etwas später fuhren wir nach Italien zum Ski laufen. Dort lernte ich meinen Mann Peter kennen. Auf dem Rückweg aus Italien verbrachten wir beide Frauen noch ein paar Tage in München. Auf der Leopoldstraße begegneten Peter und ich uns durch Zufall wieder, verabredeten uns zu einem Treffen und verliebten uns in einander. Für mich mit meinem Hintergrund war das nicht einfach. Es war nicht Liebe auf den ersten Blick, sondern viel Vertrautheit. Auch hier wusste ich nicht, wie ich mich verhalten sollte, und war oft hilflos und ängstlich.

Aber trotz allem gab ich nicht auf. Von da an führten wir eine Fernbeziehung. Er besuchte mich im Saarland und ich besuchte ihn in München. Erfahrungslos wie ich war, wurde ich schwanger. Das war für mich ein Albtraum, denn ich hatte fürchterliche Angst vor einer Geburt und konnte mir nicht vorstellen, ein Kind zu gebären. Auch wollte ich nicht wegen eines Kindes in einer Beziehung bleiben und entschied mich, abzutreiben. Da dies damals in Deutschland nicht möglich war, fuhr ich in eine private Abtreibungsklinik nach London. Seit das britische Parlament am 27. April 1968 Abtreibungen praktisch ohne Einschränkungen legalisiert hatte, war London zum heimlichen Treff von Frauen aus der westlichen Welt mit ungewollter Schwangerschaft geworden. Ich kannte diese Klinik, da ich schon ein Jahr früher eine Freundin dorthin begleitet hatte, was es für mich einfacher machte.

Peter begleitete mich und er versuchte mich umzustimmen, aber ohne Erfolg. In der Klinik war alles bestens organisiert, vom Termin über das Taxi bis hin zur Unterkunft - ein Geschäft. Prompt ein Jahr später wurde ich wieder schwanger und war fest entschlossen den gleichen Weg nach London zu gehen. Vor lauter Angst und Panik, dem Gefühl, meinem Partner ausgeliefert zu sein, wollte und konnte ich mir meine Gefühle nicht zugestehen. Kurz vor dem Eingriff, als ich schon eine Anästhesie bekommen hatte, wehrte ich mich sehr stark mit meinem Körper und hatte Panik. Augen zu, Zähne zusammen beißen und durch, das hatte ich ja gelernt im Laufe meines

Lebens. Danach kam ich zur Beobachtung für eine Nacht in ein Zimmer mit mehreren Frauen aus aller Welt. Ich fühlte mich ängstlich und befreit zugleich. Körperlich ging es mir ein paar Tage nicht gut. Was seelisch mit mir passierte, konnte und wollte ich nicht einordnen. Ich habe mich auch später nie damit auseinander gesetzt.

Heute ist mir klar, dass ich mich damals selbst abgetrieben habe. Mir ist bewusst, dass ich diesen Schritt autonom entschieden habe und ich auch die Verantwortung dafür trage. Kein guter Start für eine Beziehung.

Nach einem Jahr Beziehung heirateten wir. Ich war 23 Jahre alt und ohne diesen Schritt wäre ich nie von zuhause weggekommen. Ich spürte, dass meine Eltern mich nicht loslassen wollten und ich mich gegenüber ihnen abhängig und schuldig fühlte. Der Schritt weg von ihnen ging nur über die Heirat, an der sie nichts aussetzen konnten und auch nicht taten. Standesamtlich heirateten wir in München in der Mandlstraße. Die Hochzeitsfeier fand in meiner Heimat statt. Die Freunde und Familie von Peter kamen von weither angereist. Mit der Feier war ich komplett überfordert und ließ alles mit mir geschehen. Ich zog nach München in eine Wohnung, die ich nicht kannte. Peter hatte, nachdem ich noch im Saarland war, für uns beide eine Wohnung ausgesucht. Ich kannte ja München nicht und war froh, dass er suchte.

Am Anfang hatte ich fürchterliches Heimweh, konnte weder kochen noch einen Haushalt bewältigen. So paradox es klingt, war es meine vertraute Umgebung, die mir fehlte. Zunächst ohne Arbeit und alleine zuhause fühlte ich mich sehr einsam und weinte viel. Abends, wenn Peter nachhause kam war er unzufrieden mit meinen Verhaltensweisen und wollte mir vieles beibringen, was ich nicht verstand. In meiner Ehe hatte ich das Gefühl ähnliches zu erleben wie bei meinen Eltern. Nie machte ich etwas gut genug, war so verzweifelt, dass ich nicht mehr leben wollte. Mir fehlten auch Freundinnen. Die Freunde von Peter, die alle Akademiker waren und einen Dünkel hatten, taten sich schwer mich zu akzeptieren. Ich fühlte mich dort sehr unwohl, was allerdings für unsere Beziehung nicht förderlich war. Bei jedem Treffen bekam ich Ängste und Schweißausbrüche und fühlte mich sehr minderwertig. Ich hatte solche Ängste, dass es schwierig für mich war, in ihrer Nähe zu essen. Meine Hände zitterten so sehr und es kostete mich viel Kraft, das Besteck zu halten, was mich noch panischer machte. Es war ein Gefühl, als ob ein riesiger Stein auf mich zu rollt, den ich nicht bewältigen kann. Heute weiß ich, dass es nicht die Freunde waren, die zu mir passten und ich auch nicht zu ihnen. Für mein Selbstwertgefühl war so ein Besuch jedes Mal eine Katastrophe.

Ich spürte auch, dass ich nicht gut genug für die Familie von Peter war. Bei den Besuchen fühlte ich mich sehr angespannt und fremd. Später mit meiner Tochter Laura wurde es etwas besser. Peter und sein Bruder bauten das Elternhaus um und Peter bekam die eine Hälfte des Hauses. Ich hatte wenig Mitspracherecht, sodass ich mich außen vor fühlte. Peter machte es Freude, im Garten und im Haus zu arbeiten, ich saß jedoch nur herum und langweilte mich. Leider war nie Zeit da, die Umgebung besser kennenzulernen. Ich entschied für mich nur noch selten, mitzufahren, was mir bis heute ein schlechtes Gewissen macht. Von Anfang an hatte ich das Gefühl, dass Schwerting, der Ort wo das Haus steht, wichtiger ist als ich. Peter liebt es, dort zu sein, was ich ihm von Herzen gönne. Mir war es oft peinlich, wenn ich gefragt wurde, warum ich nicht mit ihm dort hinfahre. Ich wusste es ja selbst nicht so genau. Im Nachhinein wird mir bewusst, dass ich mich vor irgendetwas schützen wollte.Was für eine Anstrengung über Jahre hinweg.

30

Eifrig suchte ich in München nach einer Arbeit. Dass ich diesen Mut aufbrachte, trotz allem, was geschehen war, grenzt an ein Wunder. Recht bald fand ich Arbeit in einem Musikverlag. Meine

Arbeit machte mir Spaß und mein Chef war mit mir zufrieden, was ich nicht glauben konnte, denn ich war in diesem Verlag auch eher schüchtern. Dort hatte ich nette Kolleginnen, mit denen ich mich auch außerhalb der Arbeit traf. Bis irgendwann eine neue Kollegin eingestellt wurde, die zuständig war, die Musikalienhandlungen im In-und Ausland zu betreuen, und auch dort hinzureisen. Die Kollegin war sehr nett aber ich hatte das Gefühl sie nimmt mir alles weg, was ich sehr gut kaschierte. Deutlich spürte ich, dass ich diese Arbeit auch gerne gemacht hätte, mir aber die Qualifikation fehlte. Die Kollegin hatte ein Hochschulstudium, sprach italienisch und als Muttersprache französisch. Das alles traf mich so tief, dass ich kündigte. Mein Chef saß mir gegenüber, wollte wissen was der Grund der Kündigung ist. Leider konnte ich nicht in Worte fassen warum ich kündigte, ich war so verletzt, dass mir die Worte fehlten. Danach war ich einige Zeit arbeitslos. Es folgten verschiedene Arbeitsstellen durch Zeitarbeitsagenturen, die aber nicht von langer Dauer waren.

31

An einem regnerischen Tag saß ich auf dem Sofa in Haidhausen und hatte das Gefühl, das Leben zieht an mir vorbei. Ich schaute aus dem Fenster, sah die Menschen, die unterwegs waren, und nahm wahr, dass ich da nicht dazugehörte. Eine starke Sehnsucht nach Kontakt stieg in mir auf. Ich war sehr verzweifelt, fühlte mich einsam und isoliert. Das Fenster zur Welt nach draußen weckte in mir die Sehnsucht, etwas an meinem Leben zu verändern. Kurze Zeit später las ich in der Zeitschrift „Stern" einen Artikel über die Eröffnung des „Olympia Gesundheitspark" der VHS München. Es wurde berichtet, dass dieser Gesundheitspark psychologische Einzelberatung und Kurse anbietet. Ich fasste wieder allen Mut zusammen und ging dorthin zu einer Beratung bei einem Psychologen, der mich dann weiterleitete an eine Psychologin. Die Psychologin war sehr jung und stand am Anfang ihres Berufslebens. Ich hatte oft das Gefühl, dass sie mit mir überfordert war.

Meine Erinnerung an diese Zeit ist nicht mehr ganz abrufbar. Was mir noch gut in Erinnerung geblieben ist, ist dass ich nur reagierte, wenn ich gefragt wurde, mich nicht gut öffnen konnte und vieles gar nicht mitbekommen habe. Ich saß auf einem Sessel in einer großen Altbauwohnung, die Therapeutin saß mir gegenüber auf einer Couch. Schweigen. Sie erwartete, dass ich etwas sage. Ich aber war unfähig, über mich zu reden und froh, wenn die Stunde vorbei war. Ich wusste ja nicht, wie man sich in einer Therapie verhält. Was damals, so wie ich es erlebt habe, vielen

Therapeuten selbst nicht ganz klar war. Alles war neu und es fehlte die Erfahrung. In eine der Therapiestunden nahm ich auf Wunsch der Psychologin Peter mit, was mich bedrückte. Denn ich hatte das Gefühl, ich muss mich für Peter fremdschämen. Die ganze Verantwortung wie sich ein Anderer benahm und was er sagte, machte ich an meiner Person fest. Was mir nicht bewusst war, tief in meinem Inneren schämte ich mich für meine Person. In dieser Stunde, in der auch ein Therapeut anwesend war und mit uns beiden redete, schaute der mich plötzlich an und sagte: „Es ist dein Leben und du entscheidest, was du willst oder nicht willst". Ich glaube, er spürte ganz deutlich, dass ein Ungleichgewicht in meiner Partnerschaft da war. Der Satz hat mich tief beeindruckt. Trotz meiner Nebelwand habe ich verstanden, was er meinte.

Dass es um meine Eigenverantwortung ging. Da aber wollte ich nicht hinschauen, hatte Angst, das bisschen was ich mir aufgebaut hatte, zu verlieren. Auch wusste ich ja nicht, was ich wollte. Es folgte dann noch eine Gruppentherapie, die ich ziemlich chaotisch fand. Es ging in dieser Therapie damals hart zur Sache. Die Teilnehmer stritten untereinander, beleidigten sich, und die Therapeutin sah mit viel Ruhe zu. Wie die Gruppe ein Ende fand, ist mir entfallen.

32

Inzwischen hatte ich in einer Werbeagentur, die Ikea als Kunden hatte, eine befristete Arbeit für sechs Monate gefunden. Auch dort waren meine Vorgesetzten mit meiner Arbeit zufrieden und ich hatte nette Kollegen. Weihnachten bekam ich sogar wie jeder Festangestellter eine Sondergratifikation. Danach fand ich in einer anderen Werbeagentur eine Stelle, die allerdings nach drei Monaten Probezeit beendet wurde. Warum dieses Arbeitsverhältnis beendet wurde, ist mir bis heute nicht klar. Meine Erinnerung daran ist, dass man mich loswerden wollte und mir versuchte etwas anzuhängen. Was, ist mir entfallen. Die ganze Agentur war sehr undurchsichtig. Anschließend arbeitete ich für vier Monate in einem Filmverleih. Auch dort wurde das Arbeitsverhältnis gekündigt, was ich nicht verstehen konnte. Ich weiß bis heute nicht, was der Kündigungsgrund war. Was war mein Anteil an den Kündigungen? Habe ich mit meiner Nebelwand nicht bemerkt, was los war? Ich weiß es nicht. Sehr wahrscheinlich habe ich nicht richtig hingeschaut, was mir ja öfters passierte, ohne dass es mir bewusst wurde. Auch diese Arbeitsstelle war sehr dubios.

In dieser Zeit lernte ich auf einem Fest von einem von Peters Freunden meine damalige Freundin

Cornelia kennen. Die war sehr lebenslustig und wurde Grundschullehrerin. Viele Jahre haben wir zusammen mit ihr und ihrem jeweiligen Freund etwas unternommen. Bis sie heiratete, Kinder bekam und nach Oberbayern umzog. Zum letzten Mal habe ich sie an meinem 50.Geburtstag gesehen.

33

Peter und ich machten einen Türkei Rundreise, die sehr interessant war. Damals gab es kaum Touristen und wir fuhren mit den Überlandbussen quer durch die Türkei. Vor allem in Istanbul und Ephesos gab es sehr viel zusehen. Sehr beeindruckend war auch die Fahrt nach Bursa. Bursa ist eine große Stadt im Nordwesten der Türkei, die am Fuße des etwa 2.500 m hohen Berg Uludağ nahe dem Marmarameer liegt. Ein sehr kulturreiches Land mit netten, hilfsbereiten Menschen. Wo heute die Hochburgen des Tourismus stehen, gab es damals kein Hotel. Schade, dass sich das heute alles so verändert hat. Die Zeit bleibt auch für mich nicht stehen. Es war ein beeindruckender Urlaub.

Nach dieser Reise spürte ich den inneren Drang, mehr über mich zu erfahren, und entschied mich, ein Seminar mit dem Titel „Wie gehe ich mit meinen Problemen selbst um" im Olympia Gesundheitspark, der mir ja schon vertraut war, zu belegen. Das Seminar fand an einem Wochenende im Oktober statt. Ich überwand meine Angst, die ich damals noch sehr gut vor mir verstecken konnte und die mir auch oft nicht bewusst war. Eine Gruppe von zwanzig Teilnehmern saß in einem Stuhlkreis in einem Raum ohne Fenster. Die Grillen zirpten und es war ganz still. Angst und Unsicherheit waren in der Gruppe spürbar. Die Therapeutin wartete, dass jemand anfängt von sich zu erzählen und schaute demonstrativ auf ihre Uhr. Meine Nachbarin, ganz in Dunkelblau gekleidet, interessierte mich. Auch sie war unruhig.

Ich hielt die Spannung nicht mehr aus und erzählte mit viel Überwindung von meinen Problemen. Im Vordergrund stand nicht die Einsamkeit, sondern es ging um Rauchen und andere Substanzen, von denen ich loskommen wollte. Was dann auch im November bereits klappte. Ich freundete mich mit meiner Nachbarin in Dunkelblau an und bin dankbar, dass die Freundschaft mit Sigi bis heute besteht. Sie ist eine gute Freundin, mit der ich alles ohne Vorbehalte besprechen kann, und die sehr gut zuhören kann. Unsere gemeinsamen Treffen sind immer sehr bereichernd. Ich denke gerne an die vielen Abende, die wir nach der Therapiegruppe im Kaisergarten verbrachten, mit viel Humor und Freude. Dieses Seminar war der Anfang einer langen Therapiereise. Einige Seminarteilnehmer und auch ich machten bei der Therapeutin Einzel- und Gruppentherapie. Für mich dauerte die Gruppentherapie bis 1983.

Schwierig fand ich, dass meine Freundin Sigi nur anfangs bei mir in der Gruppe war und nicht an der neuen Gruppe teilnehmen durfte. Der Grund war, dass wir uns so gut kannten. Im Nachhinein kaum zu verstehen. Es war eine harte Zeit, aber auch mit viel Hoffnung verbunden. In der Therapie ging es um meine gefühlte Einsamkeit und Suche nach mehr Kontakt. Angst war kein Thema, aber ständig präsent. Im Laufe der Therapie wurde ich kontaktfreudiger und bekam mehr Lebensfreude. Es war harte Arbeit und ging nur Schritt für Schritt.

34

Ein Jahr später (1977) planten wir eine Reise nach Mexiko. Es war meine erste Überseereise. Zuerst flogen wir nach Los Angeles und fuhren dann weiter mit den Greyhound Bus bis nach der Grenzstadt Tijuana. Dort stiegen wir in einen Schmugglerbus, der uns nach Osten bis zur Grenze nach Arizona brachte. Der reguläre Bus war schon weg, Peter verhandelte an der Grenzstation solange bis sie uns schließlich in dem Schmugglerbus mitnahmen. Zuerst war es ganz still im Bus und es kamen noch einige

Kontrollstationen an denen die einheimischen Schmuggler an jeder Station bezahlen mussten. Danach waren alle entspannt. Es wurde lauter und fröhlicher im Bus. Die Mitreisenden zeigten sich gegenseitig ihre Schmuggelware. Wir fuhren mit dem gleichen Bus weiter bis Hermosillo im Bundesstaat Sonora, wo ich auf dem Marktplatz am Tag stehend einschlief. Von der langen Busfahrt war ich total erschöpft.

Weiter flogen wir dann nach Mexiko City. Von dort aus fuhren wir gemeinsam mit dem Auto mit unserem Freund Fritz, der in Mexiko City lebt, nach Veracruz am Golf von Mexiko. In dieser lebendigen Hafenstadt, bekannt durch den Westernfilm „Vera Cruz" 1954 mit Gary Cooper, verbrachten wir beeindruckende Tage. Weiter ging es mit dem Bus nach Palenque und auf die Halbinsel Yucatan, in den Urwald. Mitten im Regenwald liegt Palenque mit seinen Pyramiden und der faszinierenden Maya-Kultur. Nächste Etappe war Mérida, die Hauptstadt des Bundesstaates Yucatan.

Von dort aus ging es weiter nach Cancún und mit dem Schiff weiter nach Isla Mujeres. Isla Mujeres ist eine nördlich von Cancún gelegene Insel an der mexikanischen Karibikküste. Es war das Jahr 1977 und viele Hippies waren dort. Einige waren mit ihrem Papagei auf der Schulter unterwegs. Die Insel galt seit den frühen 1970er Jahren als

Geheimtipp für Rucksacktouristen. Eine damals noch ursprüngliche Insel. Heute erlebt sie eine Invasion von Tagestouristen. Wir wohnten dort in einer Hütte in einem Kokospalmenhain. Die Kokosnüsse fielen ständig zu Boden und man musste aufpassen, dass sie einen nicht trafen. Vor der Hütte wollte ich mich in die Hängematte setzten, fiel hinten über um und kam mit dem Kopf auf dem Betonboden auf. Danach dachte ich, es ist vorbei, du wirst sterben. Was Gott sei Dank nicht geschehen ist. Von Isla Mujeres/ Cancún flogen wir wieder nach Mexiko City und dann weiter nachhause. Auf dieser Reise haben wir sehr viel gesehen, vor allem die Maya-Kultur hat mich sehr beeindruckt. Anstrengend und auch angstbesetzt war, mich mit allen Gegebenheiten anzufreunden und sie zu akzeptieren.

35

Inzwischen hatte ich eine Arbeitsstelle beim Deutschen Camping Club gefunden. Dort arbeitete ich sechs Jahre in der Redaktion und Anzeigenabteilung. Mein damaliger Chef war sehr nett und förderte mich. Mir machte die Arbeit Spaß und mit den Kollegen kam ich gut aus. Wie bei jeder Arbeitsstelle die ich hatte, lernte ich ganz unterschiedliche Menschen kennen, was mich sehr interessierte. Es war auch ein schöner Arbeitsplatz, direkt am Englischen Garten gelegen.

Wir wohnten damals in Haidhausen und ich fuhr täglich mit dem 54er Bus vom Haidenauplatz zur Münchner Freiheit. Bis zu dem Tag, an dem ich nicht mehr Bus fahren konnte.

Wir hatten meine Eltern im Saarland besucht und übernachteten im Gästezimmer unterm Dach. In diesem Zimmer am Abend war ich plötzlich ganz in einer anderen Zeit. Ich sagte immer wieder „Die bringen mich um. Mir drückt jemand den Hals zu." Das alles kam mir sehr real vor. Ich war voller Panik, mir stockte der Atem und ich spürte körperlich, wie jemand mir den Hals zudrückte. Ich konnte nicht nach unten zu meinen Eltern gehen, wo meine Großmutter auf mich wartete. Peter hatte keine Chance, mich in diesem Moment zu erreichen. Am nächsten Tag fuhren wir nach München und ich funktionierte wieder so, als ob nichts geschehen wäre. Nach jedem Besuch bei meinen Eltern weinte meine Mutter zum Abschied. Dies belastete mich die ganze Autofahrt bis München sehr.

Ahnungslos fuhr ich wie jeden Tag mit dem Bus zur Arbeit, was nie ein Problem für mich gewesen war. An diesem Tag allerdings stieg ich ein und hatte fürchterliche Angst vor den Menschen im Bus. Ich konnte nur unter mich schauen, spürte wie mein Körper sich anspannte, mir schwindlig wurde und mein Herz raste. Bei der nächsten Station stieg ich aus und ging von der Tivoli-

Brücke bis zur Kirchenstraße zu Fuß nachhause. Nachdem ich in Therapie war, konnte ich darüber reden, was mir bei meinen Eltern passiert war. Das ging ca. sechs Wochen lang so weiter. Ich probierte immer wieder, eine Station weiter zu fahren, bis es mir gelang, ohne Unterbrechung im Bus zu bleiben.

Was der Auslöser der Angst war kam auch in der Therapie nicht heraus oder ich kann mich nicht mehr erinnern. Sehr wahrscheinlich wollte mein Trauma damals an die Oberfläche. Die Angst war immer präsent seit meiner Kindheit. Daran hatte ich mich wohl oder übel gewöhnt. Der Alltag ging weiter. Wir machten Urlaube, ich ging in meine Therapiegruppe. Spürbar war, dass ich mich nicht wohlfühlte und es mir nicht gut ging. Ich hatte damals nicht die Fähigkeit mich mitzuteilen. Wie gewohnt, bewegte ich mich im Nebel, anders war es nicht auszuhalten. Ich lebte ohne zu *leben*.

36

Tausende Menschen verfielen in den 1970er-Jahren der spirituellen Lehre des Inders Bhagwan, der sich später Osho nannte. Das Guru-Zentrum in Poona zog ab Mitte der siebziger Jahre tausende Pilger an. Von dort trugen viele Intellektuelle, Promis und Sinnsuchende die Lehren ihres Gurus als seine Jünger, sogenannte "Sannyasins", in die USA oder nach Deutschland. Sie übten sich in materieller Enthaltsamkeit, kleideten sich ihrem Vorbild zuliebe und zum Ausdruck ihrer Spiritualität in rote Gewänder und trugen die Mala, eine Kette aus Holzperlen mit einem Bild des Meisters.

Der von dem Journalisten Jörg Andrees Elten verfasste Artikel im „Stern" über seine Erfahrungen in Poona trug wesentlich dazu bei, dass Bhagwan in Deutschland immer größere Aufmerksamkeit zuteil wurde. Im Schwabinger Isabella Kino lief 1979 der Film „Ashram in Poona". Der Film hat mich begeistert. Es war die Suche nach etwas, was ich damals noch nicht wahrnehmen konnte. Inzwischen hatte ich ein wenig Therapieerfahrung und fand die Lehren in diesem Ashram sehr interessant. Ich war neugierig und wäre auch gerne dorthin gefahren, was ich mir allerdings noch nicht einmal in meinen Träumen erlaubte. Immer wenn ich Sannyasins auf der Straße sah, damals waren es viele in München, bekam ich Sehnsucht nach etwas Neuem und Aufbruchstimmung machte sich bemerkbar. Angepasst und ängstlich blieb ich aber bei meinen Leisten.

37

Wir planten eine große Reise nach Südostasien. Mit der Fluggesellschaft Aeroflot flogen wir von Frankfurt nach Bangkok und schauten uns die

Millionenstadt Bangkok mit ihren vielen Tempeln und Buddha-Statuen an. Im Tempel des Goldenen Buddha (Wat Traimit) befindet sich mit fast drei Metern Höhe die weltweit größte sitzende Buddha-Statue aus Gold (5,5t), die mir in einer großen Klarheit und Würde begegnete. Mit der Bahn ging es weiter zur malaysischen Insel Penang in der Straße von Malakka. Vom Zug aus konnten wir eine wunderschöne tropische Landschaft mit vielen Reisfeldern sehen. Ein bestechendes Grün, das es nur in den Tropen gibt.

Die Zugfahrt war abenteuerlich und dauerte sehr lange. Als wir dann endlich in unserem schönen Hotel am Strand, mit Palmen, ankamen, bekam ich eine Mittelohrentzündung. Die Schmerzen waren fürchterlich und ich war total geschwächt. Wir fanden einen Arzt in einer Privatklinik, der mir zuerst das Ohr aufschneiden wollte, mir dann aber nach meiner Weigerung ein Antibiotikum gab, das die Schmerzen verringerte. Einige Tage lag ich nur im Bett und konnte die schöne Landschaft und das Meer nicht genießen. Als ich wieder auf dem Weg der Besserung war ging es weiter mit dem Zug nach Singapur, dort verweilten wir einige Tage und ließen uns von der Stadt mit ihren vielen Sehenswürdigkeiten, Kultur und Architektur inspirieren. Damals gab es noch das alte Singapur mit seinen mobilen Garküchen. Von Singapur aus flogen wir weiter nach Bali, in Indonesien, auch die Insel der Götter genannt. Die Tempelanlagen, die einzigartige Kultur und die berühmten Reisterrassen beeindruckten uns sehr.

Auf Bali gab es zu dieser Zeit wenige Touristen. Eine Traumlandschaft mit traumhaften Sonnenuntergängen, die jeden Abend von den Menschen am Strand bestaunt wurden. Auch gab es Frauen die einen am Strand massierten. Wir mieteten uns ein Motorrad, fuhren ins Hochland nach Ubud, das damals wenige Einwohner hatte und bekannt war für Kunst und Tanz. Unterwegs kam uns ein Betel kauender Balinese mit einer Hibiskusblüte im Haar entgegen. Die Augen dieses Mannes hatten etwas sehr spirituelles und ich sehe diese Bild noch oft vor mir. Die Betelnuss wird in Asien gehackt und gekaut. Die Wirkung ist ähnlich wie Alkohol und sie dämpft den Appetit. Von Denpasar aus flogen wir weiter nach Yogyakarta und Jakarta. Yogyakarta war die Hauptstadt eines alten Königreiches in Zentral-Java mit vielen Sehenswürdigkeiten. Jakarta mit seinem historischem Hafen"Sunda Kelapa Port" liegt an der Bucht von Jakarta, an der Nordwestküste der Insel Java.

Drei Jahre später machten wir uns wieder auf den Weg nach Südostasien. Von Singapur mit der Bahn nach Kuala Lumpur mit seinem sehenswerten alten Bahnhof. Von dort aus zur Insel Penang und anschließend weiter nach Medan, Hauptstadt der indonesischen Provinz Sumatra und weiter ging die Fahrt mit mit dem Bus zum „Lake Toba", der größte Kratersee der Erde, der im Norden der Insel Sumatra liegt. Im Bus trafen wir nette Schülerinnen die Englisch lernten, denen wir unsere Adresse gaben. Mit einer Schülerin hatten wir über Jahre Briefkontakt, später heiratete sie nach Lübeck.

Mit dem Schiff setzten wir zur Insel Samosir über. Auf Samosir gibt es viele alte Steingräber und traditionelle Dörfer, sowie Batak-Häuser die unvergleichlich sind mit ihren aufwendigen Schnitzereien und mächtigen, spitzen Satteldächern. Diese riesigen Dächer sollen die Zone der Ahnen und Götter symbolisieren und jene Bereiche sind meist unbewohnt.

Die Reise ging weiter, zurück nach Malaysia, den „Cameron Highlands". Die Cameron Highlands, das grüne Herz Malaysias, liegen auf 1500 m im malaysischen Sultanat Pahang. Beeindruckend sind die Teeplantagen, die sich über einen Teil des Hochlands ausbreiten und für ein traumhaftes Panorama sorgen. Leider wurden damals die Teeplantagen vom Flugzeug aus mit Chemikalien bespritzt. Die üppige, grüne Vegetation ist bestechend. Es ging weiter nach Mersing, eine Küstenstadt des malaysischen Bundesstaates Johor. Wir übernachteten in einem Hotel, in dem ich im Bad Kröten entdeckte, die aus dem Abfluss im Boden kamen. Was mich sehr erschreckte. Später las ich, wenn dir Kröten begegnen deutet das auf eine Schwangerschaft hin. Was dann auch so war. Noch einige Tage verbrachten wir auf der Insel „ Pulau Rawa" nicht weit von Mersing entfernt. Pulau Rawa ist ein kleines Inselparadies, das aus einigen Hütten und einem Traumstrand besteht. Unsere Hütte lag direkt am Strand mit einer fantastischen Aussicht. Der Urlaub ging zu Ende und wir flogen von Singapur aus wieder nach Hause. Auch diese Reisen waren für mich eine große Herausforderung. Es gab keine Sicherheit, nur Abenteuer, ich musste und habe mich mich darauf eingelassen.

38

Im Februar1983 nach 9 Jahren Ehe wurde ich schwanger. Die Kröten hatten ihr Versprechen gehalten. Dieses Kind wollte ich unbedingt ohne Vorbehalt haben. Heute bin ich davon überzeugt, dass meine Seele und ich auch die Schwangerschaft bewusst herbeigeführt haben. Zu Anfang hatte ich Angst ein Kind zu bekommen, und die Angst Peter könnte mir die Fähigkeit ein Kind zu erziehen absprechen.
Ich redete täglich mit meinem Kind im Bauch: „Ich nehme dich an egal wie du bist, das verspreche ich dir." Dieser Satz brachte mich täglich meinem Kind näher. Am Anfang der Schwangerschaft,

durch die Hormonumstellung, fror ich den ganzen Tag, was sich nach drei Monaten legte. Von da an kam die Wende, ich freute mich sehr, bekam viel Kraft von meinem Kind. Körperlich ging es mir sehr gut und ich blühte auf. In meiner Arbeit freuten sich die Kollegen mit mir. Die Beschäftigung mit der Schwangerschaft und Geburt stand im Vordergrund. Ich las sehr viel darüber und belegte Geburtsvorbereitungskurse. Einmal wöchentlich ging ich noch zu meiner Gruppentherapie und nahm wahr, dass die meisten so mit sich beschäftigt waren, dass die Teilnehmerinnen nicht besonders interessiert an meiner Schwangerschaft waren. Die Gruppe war eine Sicherheit für mich und auch die Themen die nichts mit der Schwangerschaft zu tun hatten. Peter musste geschäftlich nach Stockholm verreisen und ich kam nach. Von München flog ich nach Hamburg und von dort aus ging es weiter mit dem Zug nach Stockholm. Peter holte mich in Stockholm ab und wir blieben einige Tage dort, anschließend fuhren wir mit der Fähre weiter nach Helsinki. Es war im Mai und wunderschönes Wetter. Helsinki war für mich eine sehr ruhige Stadt, die ich täglich erkundete. In der Sonne auf dem Marktplatz zu sitzen und die ruhigen Finnen zu beobachten haben ich und mein ungeborenes Kind genossen.

Der ausgerechnete Termin für die Geburt war der

12. November. Am Anfang meiner Schwangerschaft starb meine Oma Bebschen väterlicherseits. Nachdem ich sehr müde war und immer fror, entschied ich mich nicht zur Beerdigung zu fahren. Seit Jahren haben ich immer den gleichen Traum: *„Meine Oma Bebschen und meine Tante Cilli leben noch und sie warten auf meinen Besuch. Ich gehe am ihrem Haus vorbei und besuche sie nie, weiß nicht warum und habe ein schlechtes Gewissen. Ich sehe wie vor allem die Oma darunter leidet, aber ich schaffe es nicht hinein zu gehen."*

Was mich in dieser aufregenden Zeit beschäftigte, war wie es denn mit meiner Arbeit nach der Geburt weitergehen sollte. Der Gedanke nicht mehr zu arbeiten und den ganzen Tag zuhause zu sein, war für mich unvorstellbar. Im September war es dann soweit und ich ging in den Mutterschaftsurlaub. Es war sehr ungewohnt für mich nicht mehr zur Arbeit zu gehen. Jeden Morgen musste ich mich neu strukturieren. Die Neugierde, was auf mich zukommt, ließ mich nicht los und ich machte mich auf den Weg noch mehr über die Geburt zu erfahren.

39

Die Beratungsstelle für natürliche Geburt, die damals die erste war, die sich mit natürlicher Geburt beschäftigte, interessierte mich. Ich fasste

Mut und besuchte die Stelle. In dem schönen kleinen Hinterhof der Beratungsstelle traf ich auf eine Frau mit ihrem Kind und ich war so fasziniert von der ganzen Atmosphäre und Beratung, dass ich unbedingt dort noch einen Kurs belegen wollte. Es war eine ganz andere Umgebung als ich gewohnt war, ich hatte aber den Wunsch das Ungewohnte kennenzulernen. An dieser Stelle nahm ich nochmals an einem Geburtsvorbereitungskurs teil und war in dieser Zeit sehr oft dort.

Die Beratungsstelle für natürliche Geburt und Eltern-Sein e.V. wurde 1979 von fünf engagierten Müttern aus der Frauen- und Selbsthilfebewegung gegründet, die damals einen neuen und ganzheitlichen Ansatz in der Geburtsvorbereitung etablierten und sich für bessere Rahmenbedingungen in der Geburtshilfe einsetzten. Es wurden Beratungen, Kurse und Veranstaltungen angeboten, unabhängig von kommerziellen Interessen. Die werdenden Eltern erhielten auf ihrem Weg zum Elternsein viel Unterstützung und Informationen weit über den Tellerrand hinaus. Die Beratungsstelle arbeitet immer noch erfolgreich und hat sich inzwischen stark vergrößert.

Unsere Wohnung in Haidhausen mit einem Kind war zu klein und wir suchten ein neues zuhause. In Schwabing fanden wir eine Eigentumswohnung die sehr ruhig ist, zentral an der U-Bahn gelegen und gegenüber befindet sich der schöne Luitpoldpark.

Der Umzug fand in der Zeit statt in der ich in der Klinik war. Der berechnete Geburtstermin verzögerte sich um zwei Wochen und Laura erblickte am 27.11.83 die Welt. Nachdem die Wehen einsetzten fuhren wir zur Klinik und Peter packte noch eine Umzugskiste, die er mit nahm. In der Klinik angekommen spazierten wir erst mal den Flur auf und ab, ich wusste nicht wie ich mich fühlte und kam mir vor als ob ich auf rohen Eiern ging. Vor mir ging eine Türkische Familie mit einer Schwangeren und alle weinten gemeinsam. Das hatte ich noch nie gehört und war erstaunt. Mir fehlte die gewohnte Angst, was mich irritierte. Überrascht war ich, dass die Geburt ganz anders verlief wie ich es mir vorstellte. Die Hormone hatten mich ausgetrickst. Ich hatte Horrorszenen vor Augen. Von meiner Mutter bekam ich vermitteltet, wie schrecklich doch eine Geburt sei. Bei der Geburt von meiner Schwester machte sie wie schon erwähnt eine Hausgeburt, über die nicht geredet wurde. In Erinnerung blieb mir nur noch die Hebamme, die von Zeit zu Zeit zu uns nachhause kam. Meine Geburt war einfach und in den ersten Sekunden als meine Tochter Laura zur Welt kam spürte ich eine tiefe Liebe zu ihr. Sie leuchtete wie ein großer Stern am Himmel, was sie heute noch tut. Mein größtes Geschenk, das ich im Leben erhalten habe. Wir haben eine sehr tiefe, alte Beziehung, was sich vor Jahren in einem plastischen Traum widerspiegelte:

„Eine couragierte, selbstbewusste Frau, schlank mit weißem Häubchen, einer weißen Schürze und einem Korb am Arm. Sie hat liebevoll ein Kind an der Hand. Beide gehen zielgerichtet, friedlich die Straße entlang. Am Händedruck spüre ich, dass Laura meine Mutter ist und ich ihr Kind. Ich fühle mich mit dieser Mutter sehr wohl. Sie ist streng aber sehr wohlwollend. Ich glaube im Traum gehört zu haben, dass sie Heilerin oder Hebamme ist, auf dem Weg zu ihren Patienten.“

40

Aus der Klinik entlassen kam ich in die neue Wohnung, was mir ein Stück Sicherheit nahm. Von der alten Wohnung konnte ich mich nicht mehr verabschieden. Ich stellte mir vor, dass wir die neue Wohnung renovieren und war entsetzt, dass Peter das nicht wollte. Schon wieder eine Enttäuschung, die ich schluckte, was ich noch sehr oft tat. Körperlich fühlte sich das so an, als ob jemand mir im ganzen Körper die Energie entzieht. Danach hatte ich mehr und mehr Angst meine Bedürfnisse anzumelden bzw. ich wusste gar nicht mehr was meine Bedürfnisse sind. Es tut heute noch sehr weh.

Liebevoll kümmerte ich mich um Laura, die mir viel Kraft gab und mein Leben änderte. Ich hatte vor wieder zu arbeiten und fand auch eine Stelle. Laura gab ich halbtags zu einer Tagesmutter, was ich nur eine Woche schaffte. Ich wollte für mein Kind da sein. Froh war ich, dass ich es probiert habe, um dann festzustellen, dass dieser Weg nicht der richtige war. Peter war sehr viel beruflich unterwegs und ich war mit Laura alleine, was uns noch mehr zusammen schweißte.

41

Nach der Geburt von Laura ging ich weiter zur Beratungsstelle für natürliche Geburt um mitzuarbeiten. Dort lernte ich meine Freundin Susanne kennen. Auch nahm ich in der Beratungsstelle an einer analytischen Mutter-Kind Gruppe teil. Wir hatten alle unsere Kinder dabei und redeten über die Themen die uns beschäftigten. Ich war sehr ruhig und sagte wenig in der Gruppe. Die Angst hatte mich wieder. Nach dem Gruppenende gründeten wir eine private Gruppe, die sich wöchentlich traf. Anfangs waren wir noch viele Frauen, zum Schluss nur noch zu dritt. Zu Angelika, mit der ich noch heute befreundet bin, hatte ich einen engen Kontakt. Unsere Kinder Julia und Laura verstanden sich gut. Es war sehr schön zusehen wie sie miteinander spielten.

42

1984 erhielt ich an einem Nachmittag einen Anruf von meinem Vater, der mir mitteilte, dass meine Mutter Brustkrebs hat. In den Tagen davor dachte ich oft daran wie es wäre wenn meine Eltern etwas hätten und ich wieder dort angebunden sein müsste, was eine Horrorvorstellung damals für mich war. Der Anruf war kurz und bündig und für mich ein Schock. Ich wusste nicht wie ich mich verhalten sollte, war verwirrt und konnte es nicht glauben. Nachdem ich gerade Besuch von einer Kollegin mit ihrem Baby hatte, konnte ich mich in dem Moment nicht näher damit beschäftigen. Wir besuchten meine Mutter und es tat mir sehr weh zu sehen wie sie leiden musste. Auch für meine Schwester war es sehr traurig. Sie wohnte zuhause und war noch sehr jung. Ich konnte die Krankheit damals gar nicht richtig wahrnehmen und machte mir deshalb ständig ein schlechtes Gewissen. Ein Jahr später starb sie. Bei meinem letzten Besuch mit Laura sagte sie zum Abschied zu mir: „Die Arbeit mit den Kindern und dem Haushalt bleibt immer an der Frau hängen". Ja, das war ihr ungewolltes Leben. Ich schaffte es nicht mehr sie zu verabschieden und hatte Schuldgefühle gegenüber meinem Vater. Meine Mutter starb mit 57 Jahren. Ich war nicht fähig zu trauern, spürte einen schweren Stein auf mir liegen, der mich erdrückte und mir keine Chance gab mich meinen Gefühlen zu öffnen. Meine Großmutter Lina saß am Totenbett meiner Mutter und beschwerte sich bei ihrer Tochter, dass sie starb, wo sie doch gehofft hatte ,von ihr im Alter gepflegt zu werden. Das sagt viel über die Beziehung von meiner Mutter zu ihrer Mutter aus. Im September nach dem Tod meiner Mutter mieteten wir uns ein Wohnmobil und fuhren durch damals Jugoslawien nach Griechenland zur Halbinsel Pilion. Dort war ich mit Peter einige Jahre zuvor, allerdings mit Flugzeug und Bus. Es war eine weite Fahrt mit dem Wohnmobil. Ich hatte ein etwas schlechtes Gewissen gegenüber meinen Vater, dass ich mir das Bedürfnis nahm in Urlaub zu fahren. Wir erlebten viel auf der Reise und ich konnte Laura, die ja erst zwei Jahre alt wurde, gut im Wohnmobil beschäftigen.

Der Pilion ist eine Halbinsel auf dem griechischen Festland, die zwischen Athen und Thessaloniki liegt. Diese Halbinsel ist Bestandteil der Region Thessalien und befindet sich in der Präfektur Magnesia. Die Hauptstadt von Magnesia und das Tor zum Pilion ist Volos. Dichte Wälder, hauptsächlich Laubwälder aus Eichen, Kastanien, riesige, uralte Platanen, Flüsse, Bäche und die vielerorts aus dem Fels sprudelnden Quellen bestimmen das Bild der Landschaft. Myrte und Lorbeer sowie z.B. mehr als 100 verschiedene

Kräuterpflanzen, die bis in die heutige Zeit auch als Heilkräuter beliebt sind, findet man hier überall.

Wir verliebten uns in den Ort Platania im südlichen Teil des Pilion, am Golf von Volos gelegen. Ein romantischer, verträumter Fischerort mit kleinen Booten am Hafen. Am Strand waren Fischernetze ausgebreitet und am Abend konnte man fangfrischen Fisch in den verschiedenen Tavernen direkt am Meer genießen. Laura fand dort einen kleinen Hund, der sie immer begleitete. Von dort aus machten wir einen Ausflug in den Ostteil des Pilion nach Horefto. Von dem Ort waren wir nicht begeistert. Es regnete und stürmte, wir machten uns ohne auszusteigen auf den Weg zurück nach Platania.

Wie das Leben so spielt, wurde das der Ort, an dem wir über viele Jahre Urlaub machten und uns wohlfühlten. Peter bekam von einem Arbeitskollegen den Tipp für ein schönes, familiäres Hotel in Horefto, das oben am Hügel lag und eine wunderschöne Aussicht zum Meer hatte. Horefto liegt an einem der schönsten Strände des Pilion. Die weite Fahrt nahmen wir später nicht mehr auf uns und flogen nach Athen, von Athen aus mit dem Bus nach Volos und dann weiter über das Gebirge nach Horefto. Es passierte, dass wir zu spät in Volos ankamen und kein Bus mehr nach Horefto ging. Die Busstation war geschlossen, ein netter Mann, der die Busstation leitete, sperrte uns die Tür auf und wir konnten dort übernachten. Laura war unkompliziert und übernachtete auf dem Boden. Ich im sitzen. Beim ersten Spaziergang in Horefto, es war trüb und bewölkt, kam eine Frau auf uns zu und schenkte uns Eier und Kiwis, was eine biblische Atmosphäre verbreitete.

43

Ich machte weiter.....inzwischen gab es in der Beratungsstelle eine Ausbildung zur Geburtsvorbereiterin. Nachdem ich meine Geburt ganz anderes erlebt hatte wie in meiner Fantasie vorhanden, wurde ich neugierig und begab mich auf das mir bisher angstbesetzte Territorium Geburt. Ich war begeistert und wollte diese Ausbildung unbedingt machen, wovon andere in der Beratungsstelle nicht begeistert waren. Das wollte ich nicht sehen, die Angst nicht gut genug zu sein begleitete mich und mir war bewusst, dass das für andere spürbar war. Die Ausbildung fand an Wochenenden außerhalb Münchens in Schneitzelreuth im Berchtesgadener Land statt. Laura nahm ich immer mit.
Dort war auch ein Paar, Christine und Yogi mit ihrem Sohn, mit dem sich Laura sehr gut verstand. Yogi, der Vater passte auf unsere Kinder auf, was sehr beruhigend war und ich ihm vertraute. Laura

war unkompliziert und pflegeleicht an diesen Ausbildungswochenenden. Nur ich hatte zu kämpfen mit mir. Ich fühlte mich nicht wohl und gut genug was sehr anstrengend war, wollte aber unbedingt durchhalten. Nach der Ausbildung leitete ich in der Beratungsstelle Kurse zur Geburtsvorbereitung für Paare sowie Säuglingspflege und Kindergruppen. Ich übernahm mit einer Kollegin zusammen auch die Finanz und Buchhaltungsarbeiten, was etwas chaotisch war und mir keinen richtigen Spaß machte.

Die Kursarbeit dagegen machte mir viel Freude, war aber auch mit Angst besetzt. Beides zusammen ging ganz gut, die Freude an der Arbeit stellte sich über die Angst. Mit mir wäre ich zufrieden gewesen, wenn nicht immer wieder eine Person in der Leitung mir gegenüber misstrauisch gewesen wäre, was mich verunsicherte und mein Selbstvertrauen noch mehr schwächte. Die wöchentlichen Teams waren eine Quälerei. Dort brachte ich vor lauter Angst, etwas falsches zusagen, kein Wort heraus, was mich nicht beliebter bei den Kolleginnen machte. Ich hielt sechs Jahre durch. Als ich dazu kam befand sich die Beratungsstelle im Souterrain des Zist-Hauses. Danach zog sie in die Goethestraße mit vielen großen hellen Räumen. Der letzte Umzug in die Häberlstraße war für mich keine Option mehr. Eines Tages nahm mir eine Kollegin

meine Kursteilnehmerliste aus dem Ordner, ohne mit mir darüber zu reden. Sie wollte nicht, dass ich diesen Kurs leitete. Das war des Guten zu viel und ich verabschiedete mich in der wöchentlichen Teamsitzung von der Stelle. Wie genau ist mir leider entfallen. Ich weiß nur noch, dass meine Freundin Susanne mich unterstützen wollte, sie es aber nicht tat. Was mich sehr verletzte.
Während ich diese Zeilen schreibe kann ich es kaum fassen was ich mir alles habe bieten lassen und auch durchgestanden habe. Heute macht es mich wütend, nicht mehr auf mich, sondern auf die Menschen, die mir weh getan haben. Warum auch immer? Ich hätte es mir einfacher machen können. Mein Glaubenssatz „Da muss ich durch", begleitete mich damals in vielen Lebenssituationen, ohne dass ich ihn in Frage stellte. Nach diesem Entschluss die Stelle zu verlassen war ich auf der einen Seite erleichtert, auf der anderen Seite fehlte mir eine Arbeit. Wie immer, machte ich mich auf die Suche.

44

Was uns damals alle unsicher machte war der Reaktorunfall von Tschernobyl an einem Freitag im April 1986, der bislang schwerste Unfall in der Geschichte der Atomenergie. Obwohl weit weg, führte die Katastrophe auch in Bayern zu einer starken radioaktiven Belastung. Es wird Sonntag,

dann Montag und in der Bundesrepublik wusste man von nichts. Längst trieb eine radioaktive Wolke gegen Nordwesten. Erst am Mittwoch sind die Medien alarmiert: "Reaktorkatastrophe in der UdSSR – Zehntausende evakuiert" titelt eine Zeitung. Der von der Fachwelt gefürchtete Super-GAU ist eingetreten und mit einem Schlag hat sich die Welt verändert. Aus den Schönwetterwölkchen am blauen Himmel ist eine Bedrohung geworden. Die Vorfreude auf ein Picknick im Grünen am ersten Mai schlägt um in Angst vor Wiesen, Angst vor Regen, Angst vor dem Strahlentod. Erst am Donnerstag wird bekannt, dass die radioaktive Wolke die Bundesrepublik schon am Dienstag erreicht hatte. Knapp zwei Wochen nach dem Unfall reagierte die Bevölkerung umfangreich auf die drohende Gefahr: In einigen Geschäften war die H-Milch, die noch vor dem GAU hergestellt worden war, binnen Tagen ausverkauft. Trockenmilch war fast nirgends mehr zu haben, Konserven waren beliebter als Frisches, in den Supermarktregalen blieben Salatköpfe liegen. Gemüsehändler warben plötzlich mit "Treibhaussalat ohne Schadstoffe", Bauern forderten eine Entschädigung für Ernteausfälle durch Strahlenbelastung.
Flüge nach Australien oder auf die Kanarischen Inseln waren ausgebucht. Spielplätze wurden mit gelb-schwarzem Plastikband abgesperrt. Besorgte

Eltern trugen den Sand aus den Sandkisten ihrer Kinder ab und verfrachteten ihn in luftdichte Müllsäcke. Schwangere fragten ihren Frauenarzt, ob eine Abtreibung ratsam sei, wollten wissen, ob ihr Ungeborenes wegen der Strahlung behindert sein wird. Unsicherheit beherrschte ganz Deutschland. Unsere Kindergruppe traf sich an einem dieser Tage bei mir im Park. Wir wurden überrascht vom Regen der hoch Radioaktiv war, was man nicht wusste, aber später mit dem Geigenzähler gemessen wurde. Auch in der Beratungsstelle war Angst zu spüren. Einige Kolleginnen gingen mit ihren Kindern für längere Zeit nach La Gomera. Wir daheim gebliebenen kümmerten uns um Demos usw. Sojabohnen und Trockenmilch waren die Favoriten in dieser Zeit.

45

Nachdem ich meinen kurzen Kindergartenbesuch ganz schlecht in Erinnerung hatte, machte ich mich auf die Suche nach einem geeigneten Kindergartenplatz für Laura. Ich bekam von einer Kollegin den Tipp, versuch es im Uni-Kindergarten, eine Eltern-Kind-Initiative, in der auch ihre Tochter war. Peter ging zum Info-Abend, war begeistert und wir bekamen einen Platz für Laura. Der Uni-Kindergarten wurde 1967 von der Studentenbewegung gegründet, in einer Zeit, als Eltern Erziehung politisch verstanden und endlich den „Zirkel der Unterdrückung" durchbrechen wollten.

Inzwischen ist der Kindergarten staatlich anerkannt und das Konzept wurde geändert. Die Eltern in den achtziger Jahren waren keine Studenten mehr. Die Kinder fühlten sich in dieser Umgebung, in der Baracke im Leopoldpark sehr wohl. Die Erzieherin und Leiterin des Kindergartens ließ den Kindern viel Freiraum, ermunterte sie ihre Meinung zu artikulieren und war, wenn nötig, auch autoritär. Wie in einer Elterninitiative üblich, arbeiteten die Eltern rege mit in Form von Putzdiensten, Brotzeitdiensten, Garten- und Renovierungsarbeiten. Der Kindergarten war von 9:oo bis 16:oo Uhr geöffnet. Am Nachmittag beim Abholen ihrer Kinder saßen oft noch die Eltern im schönen Garten, unterhielten sich und tranken ein Glas Prosecco, was damals en vogue war. Die 14tägigen Elternabende, die meistens sehr lange dauerten, waren für mich eine Belastung. Auch hier, in einer ganz anderen Umgebung wie bisher gewohnt, musste ich mich erst eingewöhnen und verhielt mich sehr vorsichtig und zurückhaltend an diesen Abenden. Laura ging täglich freudig in den Kindergarten. Es war Lauras Welt in die wir Einblicke hatten, aber nicht an allem teilnahmen was die Kinder machten.

Am Ende der Kindergartenzeit entschieden wir

uns Laura in der Montessori Schule anzumelden, auch eine Eltern-Kind-Initiative, die unseren Vorstellungen entsprach. Nachdem die Schule sehr viele Anmeldungen hatte, war das Auswahlverfahren sehr streng. Laura hatte Glück und bekam einen Platz. Vor über 40 Jahren wurde die Schule mitten im grünen Olympiapark gegründet und an den reformpädagogischen Gedanken Maria Montessoris ausgerichtet. Ihr Menschenbild wurde zu Beginn des 20.Jahrhunderts durch die Reformpädagogik geprägt, die erstmals die Person des Kindes ganzheitlich in den Mittelpunkt stellte. Die Montessori-Pädagogik soll jedem Kind die Möglichkeit bieten, nach eigenem Rhythmus und Vermögen voranzuschreiten. Deshalb stellt an Montessori-Schulen die Freiarbeit das Herzstück des Unterrichts dar. In der Freiarbeit wählen die Kinder ihr Aufgabengebiet und bestimmen selbst Arbeitsrhythmus und Arbeitsdauer. So wird den Kindern die Möglichkeit eröffnet, ihre Selbstständigkeit, ihre schöpferische Aktivität und ihre Unabhängigkeit zu entfalten.

Der Lehrer sorgt für die vorbereitete Umgebung und ist Beobachter und Begleiter. Mir gefiel gut, dass die Montessori-PädagogInnen die Kinder aufmerksam und liebevoll durch den Schulalltag begleiteten und ihnen Raum ließen, um selbstbestimmt und ohne Notendruck zu lernen und zu arbeiten. Es wird unter Berücksichtigung des amtlichen Lehrplans des bayerischen Staatsministeriums unterrichtet. Laura fühlte sich auch da sehr wohl und wir Eltern kümmerten uns um Renovierungsarbeiten und um die Gestaltung von Festen. Der Übergang von der Montessori ins Willi Graf Gymnasium ging problemlos von statten. Das alles war wieder eine Herausforderung für mich.

46

Unseren geplanten Sommerurlaub in dem Jahr konnten wir nicht antreten. Peter musste beruflich nach Brasilien und nahm uns mit. Das erste Reiseziel war Brasilia, die Hauptstadt Brasiliens im Landesinneren, in der Peter geschäftlich zu tun hatte. Brasilia wurde 1956 aus dem Nichts erschaffen mit dem einzigen Zweck Rio als Hauptstadt abzulösen. 1960 wurde sie als Brasiliens Hauptstadt eingeweiht. Der Grundriss der Stadt ist einem Flugzeug nachempfunden. Die Stadt ist einer hochmodernen Architektur zugeordnet.
In der Stadt selbst leben heute nur 205.000 Einwohner, allerdings hat sich die Region um die Stadt inzwischen stark entwickelt rund drei Millionen Menschen wohnen dort. Seit 1987 gehört das Zentrum von Brasília zum Weltkulturerbe der UNESCO. Aus dem Nichts

entstanden gilt die Stadt als Meilenstein in der Stadtentwicklung. Brasilia hat mich etwas an sowjetische Bauwerke erinnert. Damals für mich keine schöne Stadt, die sehr künstlich wirkte und in der ich mich nicht wohl fühlte. Trotz allem verbrachten Laura und ich ein paar Tage in einem schönen Hotel und wir ließen es uns gut gehen. Peter arbeitete.

Danach machten wir Urlaub. Wir reisten weiter nach Salvador da Bahia. Salvador, die Hauptstadt des im Nordosten Brasiliens gelegenen Bundesstaates Bahia, ist für seine Architektur aus der portugiesischen Kolonialzeit, afrobrasilianische Kultur und seine tropische Küste bekannt. Das historische Altstadtviertel Pelourinho mit seinen Kopfsteinpflaster Gassen bietet große Plätze, farbenfrohe Gebäude und barocke Kirchen. Die Einwohner der Stadt sind Nachkommen der afrikanischen Sklaven, welche zwischen dem 16. und 19. Jahrhundert nach Brasilien verschleppt wurden. Auf Grund der Vergangenheit besitzt Salvador den höchsten Anteil an schwarzer Bevölkerung in Brasilien. Salvador empfand ich lebendig, bunt, quirlig und voller Atmosphäre.

Dort lebte auch einer der bekannteste lateinamerikanischen Schriftsteller Jorge Amado, von dem viele Bücher ins Deutsche übersetzt wurden. Fast alle Werke Amados spielen im

Nordosten Brasiliens, überwiegend in und um Bahia. Seine Werke schildern das Leben und Überleben einfacher Leute, häufig im Milieu der Halbwelt angesiedelt. Mit der Personenfähre fuhren wir von Salvador zur Insel Itaparica, um ein paar Tage den Strand und die Ruhe zu genießen. Itaparica ist eine Insel in der Bucht von Bahía de Todos-os-Santos („Bucht aller Heiligen") in der Metropolitan Region Salvador des Bundesstaats Bahia. Die Insel gilt als Naherholungsgebiet von Salvador. Man findet dort ein tropisches Meer, transparent und in verschiedenen Farbtönen, mit warmem und ruhigem Wasser, hundertjährigen Villen mit erhaltener Architektur. Sie ist von Korallenriffen umgeben, hat eine üppige tropische Vegetation, Mangroven und wunderschöne Kokospalmen. Die Schönheit dieser Insel und ihre Magie hat mich fasziniert. Wir wohnten in einer Hütte. Der Besitzer dieser Anlage war ein Sambatänzer und Musiker aus Rio de Janeiro. Damals war alles noch sehr ursprünglich. Heute ist es ein Tourismus Paradies mit sehr vielen Hotels. Am Abend war von überall her Trommeln und Musik zuhören.

Von Bahia aus flogen wir nach Rio de Janeiro, eine ausgedehnte brasilianische Küstenmetropole und immer noch heimliche Hauptstadt. Berühmt sind die Strände der Stadtteile Copacabana und Ipanema, die 38 m hohe Christusstatue auf dem

Berg Corcovado und der Zuckerhut genannte Granitberg, zu dessen Gipfel eine Seilbahn verkehrt. Diese Tage in Rio waren leider verregnet. Am letzten Tag wurde das Wetter besser und wir fuhren mit der Seilbahn auf den Zuckerhut. Rio ist gigantisch, gefährlich und gewöhnungsbedürftig. Diese Stadt gehörte nicht zu meinen Favoriten auf der Reise, mag sein, dass es am schlechten Wetter lag, was die Stadt düster machte. Nach vielen Eindrücken und Erlebnissen machten wir uns auf den Weg nachhause.

47

An einem verschneiten Wintertag in der Stadt stellte ich mich wegen einer Schneeverwehung im Gebäude der evangelischen Kirche unter. Die Familienbildungsstätte Elly Heuss-Knapp war auch in diesem Haus untergebracht. Ich wusste, dass man da auch Geburtsvorbereitungskurse anbietet. Ohne lange zu überlegen ging ich in das Gebäude und stellte mich mit Erfolg vor. Ich hatte das Glück in der Familienbildungsstätte einige Jahre Geburtsvorbereitungskurse und Säuglings-pflegekurse zu leiten. Die Arbeit machte mir Freude und ich war neugierig auf mehr und bildete mich immer weiter. Später als Schülerin übernahm Laura einmal in der Woche den Abenddienst an der Pforte.

48

Drei Jahre nach dem Tod meiner Mutter erkrankte mein Vater. Wie bei meiner Mutter brach auch er zusammen und wurde ins Krankenhaus gebracht. Die Diagnose, ein Glioblastom. Das Glioblastom ist ein bösartiger Hirntumor. Er entwickelt sich meistens innerhalb kurzer Zeit bei Menschen im mittleren Lebensalter. Risikofaktoren sind weitestgehend unbekannt. Trotz intensiver Behandlung aus Operation, Strahlen- und Chemotherapie beträgt die durchschnittliche Glioblastom-Lebenserwartung nur etwas mehr als ein Jahr. Pro 100.000 Einwohner kommt es in den westlichen Industrienationen jährlich zu zwei bis drei Neuerkrankungen. Männer sind etwas öfters betroffen als Frauen. Mein Vater war 63 Jahre alt als er die Diagnose erhielt. Er wurde am Gehirn operiert und ich besuchte ihn in der Intensivstation des Krankenhauses. Dort lagen viele Menschen die sich nach der Gehirnoperation nicht mehr verständigen konnten oder auch ihre Verwandten nicht mehr erkannten.
Mein Vater erkannte mich sofort und drückte mir ganz fest die Hand, sprechen konnte er nicht. Die Atmosphäre in dieser Intensivstation war erschreckend und gespenstisch. Meine Schwester kümmerte sich intensiv um meinen Vater, es war sehr schwer für sie, noch ein Elternteil zu

verlieren. Ich wohnte 500 Kilometer entfernt, konnte nicht ständig dort sein um sie zu unterstützen. Auch war ich mit meinen Ängsten und Problemen in dieser Zeit sehr beschäftigt. Das ganze machte noch mehr Angst. Zum Schluss konnte mein Vater nicht mehr reden. Ich erinnere mich, dass ich bei ihm am Bett saß und er mich die ganze Zeit anschaute, was mir unangenehm war und mir Angst machte. Auch er musste, wie meine Mutter, sehr viel Leiden. Ein Jahr später im August1990 starb er. Auch da konnte ich nicht trauern und spürte nur meinen inneren Stein auf mir liegen.

Danach bekam ich eine Lungenentzündung, was mich sehr mitnahm. Ich hatte hohes Fieber und sah goldene, dünne, gespenstische Figuren im Sand, die tanzten, wie aus einer anderen Welt. Peter war beruflich im Ausland und ich allein mit Laura. Der Notarzt wollte mich in die Klinik einliefern, was ich aber noch abwenden konnte. Freundinnen und eine Mutter aus dem Kindergarten unterstützen mich. Ich glaube damals versuchte mein Trauma sich wieder zu zeigen, ich war aber immer noch nicht reif dafür. Überraschend erbten meine Schwester und ich eine Menge Geld von meinem Vater, was als Selbstständiger seine Altersversicherung war. Meine Schwester kaufte mir meinen Anteil von meinem Elternhaus ab. Die Schätzung von einem

Sachverständigen war die Vorlage für den Verkauf. Mit dem Erbe und dem Erlös des Hauses kaufte ich mir eine schöne Wohnung in Schwabing. Mein Plan war dort eine eigene Praxis zu gründen und Räume an Kollegen zu vermieten. Anfangs lief es ganz befriedigend für mich. Später wurde mir bewusst, dass es ein Verlustgeschäft für mich ist. Ich steckte viel hinein und bekam wenig heraus. Oft auch Ärger mit der Vermietung. Da entschied ich mich die Wohnung zu vermieten.Mit der Entscheidung bin ich bis jetzt zufrieden. Peter kümmert sich sehr um die Wohnung, er hat die Kenntnisse und die Fähigkeiten einzuschätzen was ansteht und wie es gemacht werden muss. Das ist eine große Hilfe für mich.

Erben war in unserer Familie ein ständiges Thema. Meine Mutter fühlte sich von ihren Eltern um ihr Erbe betrogen. Damit haderte sie. Auch Familienmitglieder von meinem Vater intervenierten immer wieder, dass wir Kinder uns darum kümmern sollen. Das fand ich nicht in Ordnung. Es ist die Geschichte meiner Mutter die mich nichts angeht. Es ist beruhigend und schön Geld zu erben, aber noch schöner ist es Vertrauen, Selbstbewusstsein, Stärke und Kreativität zu erben. Trotz allem bin ich dankbar für dieses Erbe.

49

Nach meiner Lungenentzündung im Herbst
entschied ich mich kurzfristig eine
Atemtherapieausbildung im Atemhaus München
zumachen. Es war das Jahr des Mauerfalls und der
schrittweisen deutschen Wiedervereinigung. Kurz
vor Beginn der Ausbildung bekam ich noch einen
Platz und wurde gut aufgenommen. Die
Ausbildung umfasste Gruppenarbeit,
Atemeinzelbehandlung, Anatomie und ein wenig
Psychologie. Das Ziel war zu einem bewusst
zugelassenen, nicht willentlich geführten Atem zu
finden. Was damals sehr schwer für mich zu
verstehen war. Heute, nach langer Erfahrung,
auch in der Meditation, ist mir bewusst um was es
geht, und dass es ein Geschenk ist es zu
verstehen. Erfahren habe ich in meinen Kursen,
dass eine verständnisvolle, wohlwollende, genaue
Erklärung den Menschen hilft den Atemvorgang
besser wahrzunehmen und ohne Druck zu
verstehen. Das hat mir damals in der Ausbildung
gefehlt. Die Motivation etwas neues zu lernen war
gut, aber der Preis der Verdrängung war sehr
hoch.
Ich dachte alles wird dieses Mal gut gehen.
Anfangs war ich begeistert, was sich schnell legte.
Das Gefühl nicht dazu zugehören war wieder in
voller Breite vorhanden. Mein Körper verhielt sich

anders und meine Aussagen waren anders. Die Angst ich könnte etwas falsches sagen und mich blamieren, blockierte mich so, dass ich wieder in den Nebel flüchtete. Jede Woche ging ich mit meiner Angst in die Gruppe und war hinterher immer sehr ablehnend mir gegenüber. Ich kam mir vor wie im Hamsterrad, dass ich nicht mehr stoppen konnte. Deswegen kam ich nie auf die Idee dort aufzuhören. Die Wiederholung wie in der Beratungsstelle. Ich suchte nach Anerkennung, die ich aber nicht bekam, was ich nicht erkannte oder erkennen wollte. Ich war Außenseiterin, was ich ja nicht anders kannte, und spürte trotzdem, dass die Gruppe das auch so sah, was weh tat. Total verstrickt und voller Scham blieb ich nach drei Jahren Ausbildung noch sechs Jahre dort.

In dieser Zeit belegte ich mit Kolleginnen ein Wochenseminar am Ilse Middendorf Institut in Berlin. Wir waren begeistert von diesen historischen Räumen des Institutes am Viktoria -Luise-Platz. Es war die ehemalige Wohnung der einzigen Tochter des letzten deutschen Kaisers, Viktoria Luise, nachdem der Platz in Schöneberg benannt ist. Prof. Ilse Middendorf leitete dieses Seminar. Sie war damals eine vornehme, ältere und noch leistungsfähige Dame. Von ihr wurde der „Erfahrbare Atem" entwickelt, ein Weg neben dem unbewusstem und willentlich geführten

Atem. Ich hole ihn nicht, sondern stelle mich ihm als Gefäß zur Verfügung. Mit Ilse Middendorfs Worten, ich lasse den Atem kommen, ich lasse ihn gehen - und warte bis er von selbst wieder kommt. Vom machen ins lassen kommen. Ich erinnere mich auch an die Worte von ihr „Atem ist eine Möglichkeit, sich seelisch-leiblich-geistig weiterzuentwickeln und seine Fähigkeiten und Begabungen zur Entfaltung zu bringen."
In dieser Woche lernte ich sehr viel und verbrachte eine schöne Zeit mit meinen Kolleginnen in Berlin.

50

Von 1991 an begann der Jugoslawien-Krieg. Jahrzehnte lebten die verschiedenen Volksgruppen friedlich miteinander. Doch das änderte sich mit dem Tod Tito's und dem Zusammenbruch der Sozialistischen Föderativen Republik Jugoslawien Ende der 1980er Jahre. Nationalistische Strömungen wurden stärker, aus Nachbarn wurden Feinde, bis schließlich mehrere Kriege dazu führten, dass das frühere Jugoslawien in seine Einzelteile zerfiel. Es waren grausame Kriege, alle Welt war entsetzt über Massenhinrichtungen, die Massenvergewaltigungen an bosnischen Frauen im Jugoslawien-Krieg. 1993 gründete die Fachärztin für Gynäkologie und Aktivistin Monika

Hauser die Frauenrechtsorganisation „Medica Mondiale" mit dem Ziel, Kriegs traumatisierten Frauen medizinische und psychologische Hilfe anzubieten. „Medica Mondiale" setzt sich heute weltweit für Frauenrechte ein und unterstützt durch sexuelle Gewalt traumatisierte Frauen und Mädchen in Kriegsgebieten.

Ende der 90er Jahre machte ich einen Motivations- und Orientierungskurs für einen neuen Start ins Berufsleben. Im Rahmen dieser Fortbildung machte ich ein Praktikum in einem Frauenprojekt und wurde mit Frauen konfrontiert die in Bosnien Vergewaltigungen erleben und erleiden mussten. Sie erzählten ihre Geschichte und ich schaltete komplett ab, nichts berührte mich an diesen Geschichten. Es war für mich damals unmöglich meine Gefühle zuzulassen. Ich hakte es einfach ab.

51

In dieser Zeit machte ich eine einjährige Zusatzausbildung zur Gesundheitsbildnerin VHS. Diese Ausbildung war ganz neu und manches war noch nicht erprobt. Sie beinhaltete die psychosoziale Gesundheit. Psychosoziale Gesundheit bedeutet, jemand fühlt sich wohl und kann seine eigenen Fähigkeiten verwirklichen. Die Auseinandersetzung mit dem Körper, Geist und der Ernährung waren die Schwerpunkte. Von jedem etwas. Auch wie die Gesundheitsbildung in der VHS aufgebaut ist. Diese Zusatzausbildung gibt es heute nicht mehr. Die Gruppe war lebendig und interessant. Dort lernte ich meine Freundin Jutta kennen und wir legten gemeinsam die Prüfung ab. Auch verbrachten wir schöne Stunden zusammen.

Diese Zusatzausbildung lenkte mich von der Atemausbildung ab. Zusätzlich machte ich noch eine Therapie, in der sich herausstellte, dass ich von meinem fünftem bis neuntem Lebensjahr von meinem Vater sexuell missbraucht wurde. Ich konnte das damals nicht einordnen, nahm es nicht ernst, fühlte mich verloren und schämte mich auch. Den Mut darüber zu reden hatte ich nicht. Damals in den 80er Jahren waren die Berichte und Bücher die ich über dieses Thema las, nicht sehr ermutigend. Meine Wahrnehmung war, dass man als Betroffene von sexuellen Missbrauch für immer „kaputt" ist und niemals ein normales Leben führen können wird. Nicht sehr ermutigend. Danach gab es für mich eine lange Phase der nicht-aktiven-Auseinandersetzung. Mein Alltag mit meiner Tochter Laura stand im Vordergrund. Die Schwierigkeiten mit Peter wurden größer. Die Beziehung war sehr distanziert, was mir noch mehr Angst machte. Ich habe mir nicht zugestanden, dass ich mich sehr einsam fühlte. Es gab Tage, da konnte ich nicht auf den Balkon gehen, weil ich den Drang hatte hinunter zuspringen. Davor schützte ich mich und auch Laura. Das waren Suizidgedanken, die ich damals nicht erkannte und über die ich auch mit niemandem sprach. Viele Jahre, seit der Kindheit, fiel es mir oft schwer den Blickkontakt zu Menschen zu halten. In jedem fremden Blick sah ich Ablehnung mir gegenüber, was mich verunsicherte. Auch bei Peter gab es eine Zeit, wo ich ihn nicht bewusst anschauen konnte. Das konnte mir auch mit Gegenständen passieren. Ich erinnere mich an meine neue Küche, die eingebaut wurde und ich Angst hatte sie anzuschauen. Sie wirkte bedrohlich auf mich und ich hatte das Gefühl ich bin ihr nicht gewachsen, beim Aussuchen dieser Küche habe ich einen Fehler gemacht, den ich nicht mehr rückgängig machen kann. Was damals half, war Augen zu und durch. Aus diesem Dilemma habe ich mich heute ganz gut hinaus katapultiert, den Mut gehabt die Dinge so zusehen wie sie sind, was mich oft verzweifeln lies, ich es aber letztendlich annahm. Was mir gut tat war Laura, die mir sehr viel Kraft gab. Dass ich oft alleine war und das tun und lassen konnte was für mich gut war, gab mir Antrieb Neues zu Erkunden.

52

Es gab die Möglichkeit nach der Atemausbildung eine Prüfung zur Anerkennung durch den Berufsverband abzulegen. Um diese Prüfung wurde so ein Hype gemacht, dass ich unbedingt daran teilnehmen wollte. Beim Erinnern wird mir erst jetzt bewusst, dass es ja nur eine Prüfung für den Berufsverband war und völlig unwichtig für mich. Wie immer wollte ich dazu gehören und machte die ganzen Prüfungsvorbereitungen mit einem unguten Gefühl mit. In dieser Zeit wurde meine Angst unerträglich. 24 Stunden am Tag hatte ich Herzklopfen und das Gefühl jeder um mich herum spürt meinen Herzschlag, was mir die Luft nahm. Durch Zufall sah ich in einer Teenager Zeitschrift von Laura einen Artikel über die Münchner Angstselbsthilfe, der mich aber nicht groß interessierte, ich blätterte weiter. Zeitnah erinnerte ich mich an diesen Artikel, las ihn sehr genau durch und erkannte mich wieder...ja, ich habe Angst und benötige Hilfe. Nach langem hin und her fasste ich den Mut und rief bei der Angstselbsthilfe an.

Ich bekam trotz voller Gruppen schnell einen Platz. Als es soweit war bekam ich Angst, die sich so auswirkte, dass ich davon überzeugt war, in Selbsthilfegruppen herrscht ein Chaos und da gehöre ich nicht hin. Das Gegenteil war der Fall.

Von der Gruppenleiterin und der Gruppe wurde ich sehr wohlwollend aufgenommen. Ich sehe mich am ersten Abend in der Runde sitzen, von der Atemausbildung erzählen, was mir nicht leicht viel. Die Gruppe gab mir den Rat dort aufzuhören. Einige Tage später war der Prüfungstermin. Die Aufgabe der Prüfung war eine Gruppensequenz zuleiten und eine Atembehandlung an einer Person zu zeigen. Ich war so blockiert von meiner Angst, dass ich nicht mehr wusste was ich tat. Ich stand unter Beobachtung und hatte das Gefühl es ist nicht erwünscht von Seiten der Leitung, dass ich diese Prüfung ablege. Dann ging gar nichts mehr und mir war klar, dass ich nicht durch die Prüfung komme. Die Prüfungskommission teilte mir das mit, was ich schon ahnte, mit dem Kommentar, dass viele gute Ansätze da seien, ich aber noch nicht soweit sei. Eigenartig, dass die Ausbilderinnen das in den Jahren der Ausbildung nicht wahrnahmen bzw. nicht kommunizierten. Was heißt du bist noch nicht soweit? Ich war sehr gekränkt und ging nach der Prüfungsbesprechung sofort nachhause.

Am Abend rief mich die Ausbilderin an um mir zusagen, dass es nicht tragisch ist die Prüfung nicht zu bestehen und dass ich am Tag danach zur Atemgruppe kommen soll. Das tat ich dann auch mit schwerem Herzen. Dort behandelte mich die Ausbilderin vor der Gruppe, was ganz furchtbar für mich war vorgeführt zu werden. Ich hatte das Gefühl es sollte eine Bestätigung vor der Gruppe sein, dass es in Ordnung war mich durchfallen zulassen. Es gab einige Gruppenteilnehmer die nicht verstehen konnten was mit mir geschah. Anschließend hatte ich eine Besprechung mit der Ausbilderin die sehr abweisend mir gegenüber war. Das war zu viel des Guten. Spontan entschied ich mich für immer diese Räume zu verlassen. Im Hintergrund die Angstselbsthilfegruppe zuhaben hat mir dabei sehr geholfen. Nach diesem Schritt war ich sehr erleichtert.

Trotz allem leitete ich Atemkurse in der VHS und in meinen Privaträumen, was gut ankam. Auch bekam ich in dieser Zeit ein Angebot von der Volkshochschule im Norden, Kurse in Progressiver Muskel Entspannung, Autogenes Training und Atemarbeit zu unterrichten. Das war neu für mich und ich leite seit 1999 erfolgreich diese Gruppen. Viele Teilnehmer sind schon sehr lange dabei und schenken mir immer wieder ihr Vertrauen für das ich sehr Dankbar bin. Woche für Woche lerne ich von meinen Teilnehmern. In meinen Kursen begegne ich den Teilnehmern mit Unvoreingenommenheit, liebevoll und wohlwollend, aber auch mit einer gesunden Distanz. Mit der Zeit habe ich meinen eigenen Stil in meiner Arbeit gefunden und das wird von meinen Kursteilnehmern sehr geschätzt. Ich versuche über Entspannung, Atem, Bewegung und Meditation die momentanen Befindlichkeiten der Teilnehmer in Einklang zubringen, ohne Stress und Leistungsdruck. Ziel sollte es sein, dass die Teilnehmer üben sich so zu akzeptieren und anzunehmen wie sie im Moment sind, was nicht immer einfach ist, aber lohnend. Manchmal frage ich mich, wie ich das hinkriege. Es kommt mir oft vor, als ob mich jemand führt. Das spüre ich besonders dann wenn es schwierig wird und ich nicht sicher bin wie ich weitermache. Das macht mich neugierig und kreativ. Durch meine oft negativen Erfahrungen habe ich gelernt offen und empathisch Menschen gegenüber zu sein.

53

In der Angstgruppe fühlte ich mich sehr wohl und erfuhr jede Woche was neues über mich und meine Angst. Ich wurde mit der Zeit mutiger und selbstbewusster. Es hat mir gut getan über meine Ängste zu sprechen und zu erfahren, dass ich damit nicht alleine bin. Zum ersten Mal hatte ich das Gefühl hier passe ich hin und werde verstanden. Die Münchner Angstselbsthilfe (MASH) wurde 1989 in München von Gerhard Schick gegründet. Er litt viele Jahre selbst unter Angststörungen. Nach einigen erfolglosen Therapien startete er einen neuen Versuch und gab in einer Zeitung eine Kleinanzeige auf, es meldeten sich schon in kurzer Zeit mehr und mehr Betroffene. 1990 wurde der gemeinnützige Verein „Angst-Hilfe München e.V." gegründet. Heute gibt es neben MASH auch die Deutsche Angstselbsthilfe (DASH) sowie die Angst-Zeitschrift (daz).

Angst hat viele Gesichter. Auch in anderen Krankheitsbildern spielen Ängste eine große Rolle, was ich vor vier Jahren bei mir erfahren habe. Die Ängste zeigten sich in meinem Körper, etwas das mir bis dahin neu war. In meinen Gedanken war ich fest davon überzeugt, sollten meine Ängste wiederkommen, dann meine vertrauten sozialen Ängste oder auch soziale Phobie genannt. Die soziale Phobie ist keine Angst vor einer Gefahr, sondern die Angst sich zu entblößen, sich zu zeigen, wie man ist. Bei der sozialen Angststörung handelt es sich um eine „Situationsangst". Sie richtet sich auf Aktivitäten, bei denen Betroffene sich von Dritten kritisch beobachtet und bewertet fühlen. Im Zentrum steht die Befürchtung, dass das eigene Verhalten oder Aussehen als Blamage oder Versagen durch andere Menschen bewertet bzw. als peinlich, merkwürdig oder lächerlich erlebt wird. Wenn es um mich in Gruppen ging hatte ich fürchterliche Angst mich zu zeigen, was in den Gruppen, die ich leitete, nicht der Fall war. Das war doppelt schwer für mich und ich verachtete mich oft für meine Ängste. Auch hatte ich befürchtet, dass sichtbare körperliche Symptome wie zittern, schwitzen, erröten und Herzklopfen negativ beurteilt werden. Das wichtigste in Selbsthilfegruppen besteht darin, dass die Teilnehmer alle Ängste haben und alle gemeinsam in einem Boot sitzen, lenken und schaukeln. Die Selbsthilfegruppen werden von erfahrenen, ehemals selbst Betroffenen moderiert und angeleitet. Sie erhalten bei MASH eine Schulung, regelmäßige Supervision und Intervision und werden durch Fachpersonal unterstützt.

Die Angstselbsthilfegruppen sind nach Altersstufen unterteilt. Es gibt u.a. Gruppen für Menschen bis 30 Jahre, bis 40 Jahre und für Menschen über 40 Jahre. Wie ich erfahren habe gibt es inzwischen auch Gruppen für Angst und Depression. Ich kann MASH nicht genug loben und bin froh, dass es diese Einrichtung gibt.

Inzwischen ist MASH größer geworden mit 21 Gruppen und einer neuen Leitung. Etwa nach einem halben Jahr fragte mich die Gruppenleiterin und hauptamtliche Mitarbeiterin ob ich ihre Gruppe übernehmen möchte. Das kam wie aus heiterem Himmel und war zu diesem Zeitpunkt keine Überlegung für mich. Ich freute mich und sagte spontan zu. Das einzige was mich beschäftigte war, dass es schwierig werden könnte die Gruppe zu übernehmen wo ich selbst Teilnehmerin war. Es war kein Problem, die

Gruppe war sehr wohlwollend gegenüber mir eingestellt. Eine neue Zeit begann und die Herausforderungen machten mir riesigen Spaß. Auch fühlte ich mich gut unterstützt von Seiten der Leitung und der Gruppe. Jeden Mittwoch um 20:oo Uhr freute ich mich auf die Gruppe und ging trotz allem was da so geschah, immer mit freudigen Herzen nach Hause. Ich lernte sehr viel von meinen Teilnehmern über ihre Ängste und Befindlichkeiten und wie sie damit umgingen. Ja, auch da viel es mir leicht mich auf die Teilnehmer einzulassen. Heute vermisse ich manchmal diese Arbeit und wenn ich daran denke, öffnet sich mein Herz. Was ich dort lernte konnte mir keine Ausbildung bieten. Ich bin MASH sehr dankbar, dass sie das Vertrauen zu mir als Gruppenleiterin hatten.

Ich wurde immer mutiger und nahm an der Theater Laienspielgruppe „Szenenwechsel" teil. Wie so oft ging ich unbedarft in diese Gruppe hinein. Und wie in jeder Gruppen waren dort Menschen unterschiedlicher Couleur, von denen ich mich beeindrucken lassen habe, damit mich in meiner Entfaltung gebremst habe. Es gab zwei Leiterinnen. Die eine davon war Sozialpädagogin und sehr liebenswürdig. Die andere Leiterin war Schauspielerin, autoritär und oft überdreht. Damals machte mir das alles Angst. Die Ängste und das Gefühl nicht zu genügen war wieder voll da. Ich zog mich mehr und mehr zurück, weil ich fest daran glaubte, dass das alles eine Nummer zu groß für mich sei. Trotzdem spielte ich brav meine Szenen auf der Bühne mit meinen MitspielerInnen vor Publikum. Was mich dazu bewog noch eine Zeit weiterzumachen ist mir heute ein Rätsel. Ich suchte etwas und lernte trotz der Widrigkeiten eine Menge über das Theaterspielen. Die Lernprozesse behielt ich wie so oft für mich, aus Angst sie könnten mir abgesprochen werden. Wir probten außerhalb Münchens in Rothenburg ob der Tauber im Seminarhaus „Wildbad" der Evangelischen Kirche. Es ist das Gebäude eines alten Kurhotels aus dem 19. Jahrhundert, erbaut im Stil des Historismus mit einem malerischen Park und Terrassen. Gelegen ist es direkt unterhalb der historischen Stadtmauer an der malerischen Tauber. Wir probten im Keller in einem wunderschönen gelben Saal mit Säulen und einer großen Bühne. Die Stimmung war jedoch schlecht.

Josef, Roswitha, Gert und ich bildeten eine vierer Gruppe die fest zusammenhielt. Wir ließen uns die Stimmung nicht verderben, lachten viel und feierten oft bis in die Nacht hinein. Ein Highlight nach diesen Proben in Rothenburg war, dass wir zu dem Theaterfestival "Entfalten" in Klausen/Südtirol eingeladen wurden. Ein Bus holte uns am Morgen in München ab und brachte uns nach Klausen. Dort wurden wir sehr herzlich empfangen und bewirtet. Viele Theatergruppen aus Südtirol und Österreich waren vertreten und zeigten auf der Bühne ihre Theaterstücke, die sehr berührend und authentisch waren. Am Nachmittag war dann unsere Gruppe dran, die sehr gut ankam. Am Abend gab es für alle Essen und es wurde leidenschaftlich getanzt. Schön waren den ganzen Tag die Gespräche mit den Akteur/Innen, die viel zu erzählen hatten und sehr herzlich und freundlich waren. Am Abend fuhren wir in unser Hotel und den anderen Tag am Nachmittag nach Hause. Im Gegenzug luden wir die Südtiroler Theatergruppe nach München ins Theaterzelt „Schloss" ein, wo wir die Theateraufführungen veranstalteten. Es war sehr unterhaltsam und kam gut an.

Nach einigen Jahren bei MASH kam von einem Kollegen in der Supervision die Idee eine Theatergruppe ins Leben zurufen. Nachdem ich in dieser Zeit Laienschauspielerin war, fragte mich der Kollege ob wir es wagen gemeinsam eine Theatergruppe zuleiten. Spontan, ohne lange zu überlegen sagte ich zu. Meine Idee einen Einführungsabend anzubieten kam gut an und die Teilnehmerzahl an diesem Abend war überwältigend. Danach im Januar 2006 entstand eine kleine Theatergruppe. Auch planten wir eine Aufführung, die in den Gruppenräumen von

MASH stattfand. Ich ging davon aus, dass trotz Werbung kaum Zuschauer kommen würden. Es war Juli und der heißeste Tag im Jahr, zu unserer Überraschung kamen mehr Zuschauer als wir unterbringen konnten. Die Aufführung war ein voller Erfolg.

Nachher war mir klar, dass diese Gruppe auf die Bühne gehört, ich suchte eine Bühne und fand sie im Olympiadorf in München. So entstand die Theatergruppe „Lampenfieber" aus einer geleiteten Angstselbsthilfegruppe heraus. Menschen mit Ängsten, Depressionen, Zwängen und psychosomatischen Beschwerden fanden sich dort zusammen. Als damalige Kursleiterin und Laienschauspielerin war es mir ein Anliegen das experimentelle Theaterprojekt „Heilsames Theaterspielen" ins Leben zu rufen, um jene Thematik aus neuer, spielerischer Perspektive anzugehen. Die Theatergruppe „Lampenfieber" ging aus diesem Projekt hervor. Sie nutzte verschiedene Übungen, Spiele, Techniken und Improvisationen, die den TeilnehmerInnen ermöglichen sollten, ihre Probleme, Wünsche und Hoffnungen in Szene zu setzen, und dass damit neue Blickwinkel eröffnet werden. Es fanden regelmäßig Proben und halbjährlich eine öffentliche Aufführung statt. Das Ziel der Theatergruppe „Lampenfieber" bestand darin, Menschen mit Ängsten und Problemen in die

Öffentlichkeit zu bringen (Antistigmatisierung) und dazu einzuladen im Spiel neue Handlungsmöglichkeiten zu entdecken. Wir konzentrierten uns primär auf die gesunden Anteile und stärkten diese.

Auf spielerische Weise wurde der Kontakt zum eigenen Körper und die Verbindung zur eigenen Psyche gepflegt. Das Wiederentdecken und Zulassen von Gefühlen kann im heilsamen Theaterspielen auf sanfte Weise geschehen. Dabei ging es um die Themen, die das Leben der Spieler bestimmten. „Lampenfieber" zeichnete sich aus durch die Heterogenität der Spieler. Menschen mit psychischen Problemen und „Gesunde" agierten miteinander und profitierten voneinander. Die psychischen Probleme waren vielfältig und resultierten beispielsweise in dem Verlust der sozialen Netzwerke, in Vereinsamung, dem Scheitern von Beziehungen, und dem Verlust des Arbeitsplatzes und dem damit verknüpften Gefühl der Nutzlosigkeit. Gemeinsam war ihnen vor allem, dass sie von vorübergehenden oder dauerhaften prekären Lebenssituationen betroffen waren. Das Projekt war trotz der schwierigen Thematik mit sehr viel Spaß verbunden und bot den Spielern nicht zuletzt wegen der Erfolgserlebnisse bei den Aufführungen die Quelle für neues Selbstvertrauen. Vor allem bot es die Möglichkeit aus der Rolle des „Opfers" bzw. des Passiven herauszutreten und die Position eines Akteurs auf der Bühne einzunehmen. Heilsames Theaterspielen war offen für alle Laien, wirkte therapeutisch – auf die SpielerInnen wie auch auf die Zuschauer. Erstere entdeckten sich in vielen, in der Gesellschaft oftmals tabuisierten Szenen wieder und fassten Mut beim nächsten Anlass auch die eigenen Fesseln vielleicht einmal zu sprengen.

Für mich war es überraschend und neu, dass ich eine Theatergruppe leiten kann. Ein befriedigendes Erlebnis, was mir viel Freunde aber auch Arbeit machte. Gerne erinnere ich mich an die Aufführungen auf der Bühne, die meistens anders waren als geprobt. Das war sehr lebendig, kreativ, authentisch und einzigartig. Leider ging die Gruppe nach drei Jahren wegen Streitigkeiten auseinander. Das war auch der Zeitpunkt, zu dem ich mich entschied ganz bei MASH aufzuhören, was eine schwere Entscheidung nach zehn Jahren war. Ich hatte das Gefühl ich werde vom Leiter nicht wertgeschätzt, womit ich nicht alleine war. Innerlich hatte ich das Gefühl es muss etwas Neues kommen und das erlernte wollte ich gerne weiter streuen. Ich war damals so zufrieden, dass ich gar nicht auf die Idee kam zusätzlich noch eine begleitende Therapie zumachen. Es hätte mich sehr wahrscheinlich mehr gebremst als weitergebracht, ich wäre wieder mit meiner Unzulänglichkeit konfrontiert worden. Die Angst, es könnte mir jemand etwas wegnehmen in dem die Person mich in Frage stellt. Das begleitet mich manchmal noch heute. Zum Beispiel rede ich nicht gerne darüber, dass ich dieses Buch schreibe oder was meine Pläne, Ideen sind. Ich mag nicht, dass es zerredet wird. Der Nachteil ist allerdings, dass ich mich nicht in voller Fülle zeige. Ein altes Muster, das korrigierbar ist.

54

Im gleichen Jahr als ich anfing die Selbsthilfegruppe zu leiten, spürte ich, dass ich noch mehr über die Psyche wissen wollte. Ein Flyer von Dr. Eggebrecht, IGF Weilheim „Gesprächs - u. Focusingtherapie" lag bei MASH im Gruppenraum. Ich wollte ihn kennenlernen und belegte ein Wochenende bei ihm in der VHS. Danach traf ich die Entscheidung, dass ich die Ausbildung mache. Diese drei Jahre Ausbildung haben mir mehr gebracht als von außen sichtbar war. Auch dort war ich eher zurückhaltend und hatte auch Ängste. Der Unterschied zu anderen Ausbildungen war, dass ich das Gelernte jede Woche in der Gruppe anwenden konnte und so immer sicherer wurde. Ich hatte volles Vertrauen in den Ausbilder und auch eine gesellige Zeit in Weilheim verbracht. Zum besseren Verständnis im

Nachfolgendem die Inhalte der Ausbildung.
Gesprächstherapie nach Rogers:
Jeder Mensch weiß, was gut für ihn ist. Er kann persönliches Glück und Zufriedenheit erlangen – wenn er es schafft, im Einklang mit sich selbst zu leben. In der Gesprächstherapie erlernt der Klient, in vertrauensvoller Atmosphäre bisher nicht oder nur unvollständig zugelassene Emotionen als Erfahrungen anzunehmen. Seine persönliche Situation analysiert er selbst und erarbeitet sich unter Anleitung Lösungen für seine Probleme und Schwierigkeiten. Der Therapeut vermittelt einfühlend Akzeptanz und Wertschätzung, so dass der Gesprächssuchende lernt, sich zusehends selbst zu bejahen. Die Gefühle, Wünsche und Ziele des Klienten stehen im Mittelpunkt des therapeutischen Handelns, die Sichtweise des Therapeuten tritt in den Hintergrund, Ratschläge und Bewertungen werden vermieden.
Focusing (Klientenzentrierte Körperarbeit):
Focusing ist eine sehr achtsame und wirkungsvolle Methode, die uns ermöglicht, mit den eigenen Gefühlen in direkten Kontakt zu treten. Indem wir mit unserer Aufmerksamkeit nach innen gehen, können wir über Körpersignale das eigentlich Bedeutsame einer aktuellen Situation oder eines Problems finden. Dadurch kann es zu psychischer Veränderung und Erleichterung kommen.
Focusing ist eine besondere Form der

Konzentration auf unser inneres Erleben, die spürbar macht, was ein Problem für uns bedeutet und wann wir uns verändern.

Nach dieser Ausbildung hatte ich das Bedürfnis, die Ausbildung zum Heilpraktiker für Psychotherapie zu machen. Durch längeres Suchen fand ich ein gutes Ausbildungsinstitut. Nach einem Jahr legte ich die Prüfung im Gesundheitsamt München ab. Von der Prüferin erhielt ich sehr viel Lob für meine bisherige Arbeit in verschiedenen Institutionen. Die Prüfung dauerte nur fünfzehn Minuten. Ich war überrascht und hatte damit gerechnet, dass ich durchfalle.

Das Gefühl, ich muss noch weiter kommen, ließ mich nicht los und es ergab sich, dass ich eine Ausbildung zum NLP-Practitioner DVNLP (Neurolinguistisches Programmieren) machte. Neurolinguistisches Programmieren (NLP) ist ein effizientes Modell, um die Kommunikation mit sich und anderen deutlich zu verbessern. Es ist zunächst eine Sammlung an Übungen und Interventionen. Und doch ist es mehr: Es ist eine Methode, die Kopf, Herz und Bauch vereint. Es stellt effektive Werkzeuge zur Verfügung, um Veränderungen spielerisch und leicht einzuleiten. NLP begleitet innere Prozesse ziel- und ressourcenorientiert und stärkt Menschen darin, eigene Fähigkeiten und Stärken weiterzuentwickeln. Neurolinguistisches

Programmieren würdigt vorhandene positive Eigenschaften und findet respektvoll neue Möglichkeiten, um flexibel auf Veränderungen zu reagieren.

Das Erlernte, das etwas künstliches ist, verwende ich nicht in meiner Arbeit. Die Ausbildung gab mir das Gefühl wieder etwas geschafft zuhaben, was damals sehr wichtig für mich war.

Es ging weiter, der Volkshochschulverband bot eine Ausbildung in „Interkulturelle Kompetenz" mit Frau Professor Dr. Roth, LMU als Trainerin und Ausbilderin an. Interkulturelle Kompetenz war ganz neu für mich und ich war neugierig was mich da erwartet. Noch niemand ahnte damals, dass dieses Thema in unserer Gesellschaft sehr viel Platz einnehmen wird. Interkulturelle Kompetenz ist die Fähigkeit, mit Menschen anderer Kulturkreise erfolgreich zu kommunizieren, im engeren Sinne die Fähigkeit zum beidseitig zufriedenstellenden Umgang mit Menschen aus anderen Kulturen. Die Basis für erfolgreiche interkulturelle Kommunikation ist emotionale Kompetenz und interkulturelle Sensibilität. Interkulturell kompetent ist eine Person, die in der Zusammenarbeit mit Menschen aus fremden Kulturen deren spezifische Konzepte der Wahrnehmung, des Denkens, Fühlens und Handelns erfasst und begreift.

Der dann von mir in der VHS angebotene Kurs

fand wenig Interesse. Damals wussten Teilnehmer noch nicht was sie damit anfangen sollten. Noch immer nicht genug machte ich die Zertifizierung zur Profil-Pass Beraterin für Erwachsene und Jugendliche. Für diese Ausbildung hatte ich leider keine Verwendung. Ich bin damit sehr weit von meiner eigentlichen Arbeit abgewichen. Trotzdem interessant. Der Wunsch mich beruflich zu verändern, vielleicht ganz etwas anders zu machen oder eine Ergänzung zu meiner bisherigen Arbeit war mir ein Anliegen. Bisher war ich ganz gut aufgestellt mit meinen Kursen, was mir aber nicht genügte. Ein Teil davon war, dass ich mich beweisen wollte, der andere Teil war Neugierde. Erstaunlich war, dass es mir trotzdem Spaß machte.

So war ich wieder auf der Suche und belegte einen Kurs bei der Frauenbörse von Barbara Sher „Wishcraft Lebensträume und Berufsziele entdecken und verwirklichen". In diesem Kurs, auch mit Unterstützung der anderen Kursteilnehmerinnen, habe ich erfahren, dass ich mit meiner Arbeit auf dem richtigen Weg bin. Neu war für mich, was ich allerdings schon in der Theatergruppe erlebt habe, die Kreativität die innerlich rief. Wir erstellten in dem Kurs eine Collage. Alles was ich auf dieser Collage erstellte ging in Erfüllung, was ich mir damals nicht zu träumen wagte.

Von einer Teilnehmerin erhielt ich den Tipp mich als Referentin beim BFZ (Berufliche Fortbildungszentren der Bayrischen Wirtschaft) zu bewerben. Ich bewarb mich und erhielt kurze Zeit später einen Anruf, ob ich interessiert sei, bei dem Projekt Münchner Initiative KinderpflegerIn zu unterrichten. Kurz entschlossen sagte ich zu und stellte mich dort vor. Eine Woche später fing ich an zu unterrichten. Was auch eine Überraschung für mich war. Ich konnte anschaulich und verständlich unterrichten, was mir sehr gut gefiel. In einer Klasse waren unterschiedliche Kulturen im Alter zwischen 25 und 50 Jahren zusammen. Es gab oft Ärger und Meinungsverschiedenheiten, die ich gut händelte. Auch war ich beliebt bei den Schülern. Um unterrichten zu können wurde von mir die Ausbilder-Eignung IHK, ADA - Schein verlangt. Der ADA- Schein steht für die Ausbildung der Ausbilder, den man am Ende einer erfolgreichen Ausbildereignungsprüfung erhält. Die Inhalte der Prüfung orientieren sich an einem Ausbilder-Berufsfeld. Auf der anderen Seite sind allgemeine Elemente enthalten, die grundsätzlich für die Ausübung einer Ausbildertätigkeit wichtig sind. Deshalb ist der ADA-Schein nicht berufsspezifisch. In meinem Fall war er notwendig um im Bereich beruflicher Bildung zu unterrichten. Bei der IHK legte ich mit 61 Jahren mit vielen jungen Menschen die Prüfung erfolgreich ab. Der Prüfer war begeistert, dass ich in dem Alter noch die Prüfung ablegte. Zweimal pro Woche unterrichtete ich dann im BFZ und hatte noch zusätzlich vier Kurse VHS in der Woche.

Nachdem ich die Meditation für mich entdeckte und eine Meditationsausbildung vom Berufsverband der Volkshochschule angeboten wurde, entschied ich mich diese Ausbildung zu machen und in mein Kursprogramm aufzunehmen. Die Meditation kam und kommt sehr gut bei den Teilnehmern an. Die Ausbildungen zur Geburtsvorbereiterin, Atemtherapeutin, Gesundheitsbildnerin und die oben aufgeführten Ausbildungen fanden in der Zeit zwischen 1985 bis 2011 statt. Sehr oft hörte ich von meinen Kursteilnehmern, dass sie in einer Psychosomatischen Klinik waren. Ich konnte mir darunter wenig vorstellen, wurde neugierig, bewarb mich in einer psychosomatischen Klinik als Hospitantin und wurde angenommen. Dort nahm ich an verschieden Gruppen teil und nahm auch an Teambesprechungen von Ärzten, Psychologen und Therapeuten teil. Es hat mir sehr gut gefallen, dass ein Team sehr genau und sorgfältig die Patienten betreut hat. Eine interessante, gute Erfahrung, die ich kein zweites Mal erleben möchte. Denn dort war spürbar, dass von einigen im Team nicht gerne die Hospitanten gesehen wurden. Sehr wahrscheinlich hatten sie Angst, dass etwas nach außen dringt, was ich auch ein Stück weit verstehe.

55

In der Nähe meiner Wohnung, am Bonner Platz entstand ein Zentrum für Yoga und Gesundheit e.V. Ich sah auf dem Weg zur U-Bahn oder zum Einkaufen öfters dieses Schild am Eingang und informierte mich im Internet näher über das Zentrum. Es wurde ein Seminar angeboten das mich interessierte und ich nahm daran teil. Die Leiterin bot mir an Kurse anzubieten, was ich gerne annahm. Allerdings musste ich alleine für die Kurse Werbung machen. Es lief so la-la. Später nahm ich die Räume in Anspruch für die Theaterproben. Es sind sehr schöne, lichte Räume. Eine Zeitlang war ich stellvertretender Vorstand, was nicht mit der Leiterin des Zentrums zu vereinbaren war und ich die Sache rechtzeitig beendete. An Silvester leitete ich öfters die Friedensmeditation mit anschließendem fröhlichen Beisammensein. Ein schönes Ritual. Außer an Silvester 2004. Am 26. Dezember 2004, nach einem gewaltigen Seebeben rasen riesige Flutwellen über die Küstenregionen des Indischen Ozeans hinweg. Sie zerstören ganze Landstriche. 228.000 Menschen starben, als bis zu 30 Meter hohe Wellen Strände und Städte in Indonesien,

Thailand, Indien und Sri Lanka überrollten. Sie wurden ausgelöst von einem unterseeischen Beben der Stärke 9,3 - dem drittstärksten jemals gemessenen. Ganze Dörfer wurden fortgerissen, Schiffe an Land gespült. Der Tsunami 2004. Ein Begriff, dessen Bedeutung zuvor nur wenige kannten, ist seither Synonym für eine der schlimmsten Naturkatastrophen der Neuzeit. Es war der zweite Weihnachtstag und im Fernsehen sah ich die schrecklichen Bilder wie die Welle die Menschen überrollte. Was danach geschah sickerte erst in den darauffolgenden Tagen ins Bewusstsein. An diesem Silvester 2004 war die Friedensmeditation im Yoga Zentrum für alle sehr wichtig und tröstlich, auch gut besucht.

56

Die Zeit mit Laura war für mich immer im Vordergrund. In den Herbstferien fuhren wir beide öfters in Urlaub, was wir sehr liebten. In der 9. Klasse Gymnasium eröffnete uns Laura den Wunsch, dass sie ein Schuljahr in den USA verbringen möchte. Im ersten Moment war das ein Schock für mich, so plötzlich loszulassen. Aber ich freute mich auch für sie. Laura hatte Glück, zu einer netten, herzlichen Familie mit zwei Mädchen zu kommen, was uns beruhigte. Nach langer Zeit alleine ohne Kind, ging es besser als erwartet. Ich kam ganz gut mit mir zurecht und konnte loslassen. Nach einem Jahr kam Laura wieder zurück und machte ihr Abitur. Diese Familie besuchten wir mit Laura nach ihrem Abitur. Bisher hatten wir mit ihnen e-mail-Kontakt und freuten uns sie kennenzulernen. Die Familie lebt in Buford im Bundesstaat Georgia, 40 km von Atlanta entfernt. Buford hat 12.225 Einwohner. Nach 10 Stunden Flug erreichten wir Atlanta und mit einem Mietwagen Buford. Wie im Film erwarteten uns dort die typischen amerikanischen Holzhäuser mit Garagen und einer Veranda. Jan, Jack, ihre Töchter Ashley und Katie empfingen uns sehr herzlich und freuten sich uns kennen zu lernen. Wir wohnten ein paar Tage bei ihnen und bekamen so mit, wie das amerikanische Familienleben abläuft. Sie zeigten uns die Gegend mit dem lake Lanier, seinen vielen Spazierwegen. Auch besuchten wir die Mall of Georgia, die in USA sehr bekannt ist. Die Familie habe ich nach diesem Aufenthalt in mein Herz aufgenommen und denke oft an sie. Jahre später besuchten sie uns in München.

Nach unserem Aufenthalt ging unsere Reise weiter nach Fort Meyers und Miami/Florida. Unterwegs besuchten wir die Everglades. Sie erstrecken sich etwa 70 Kilometer südwestlich von Miami, umfassen eine Fläche von 6.104 Quadratkilometern und sind der einzige Ort der Erde, an dem man sowohl auf Krokodile als auch auf Alligatoren treffen kann. Doch das ist nicht der einzige Punkt, der das größte subtropische Gebiet der USA zu einem unvergesslichen Erlebnis macht. Die Everglades, die oft mit einem grasbewachsenen, langsam fließenden Fluss verglichen werden, bestehen aus Mangrovenwäldern, Schneidensümpfen und flachen Pinienwäldern, in denen hunderte Tierarten leben. Zur reichen Tierwelt der Everglades zählen die bedrohte Lederschildkröte, der Florida-Panther und der Karibik-Manati. Mit den Krokodilen konnte ich mich nicht anfreunden. Die Landschaft wirkte auf mich etwas bedrohlich, einfach ungewohnt. So wie aus einer anderen Welt.

Wir erholten uns zwei Tage in Fort Meyers, einer Stadt auf Estero Island, einer Insel vor der Westküste Floridas. Sie hat einen langen, breiten Sandstrand am Golf von Mexiko. An den breiten Sandstrand musste ich mich erst gewöhnen. Ansonsten hat Fort Meyers auf mich keinen nachhaltigen Eindruck gemacht. Wir fuhren weiter nach Miami, wo wir nur einen Tag blieben. Der kubanische Einfluss, die farbenfrohen Art-dèco-Gebäude, das türkisblaue Wasser und die bunt gekleideten Menschen waren beeindruckend. Auch ein Kreuzfahrtschiff, dass sehr groß zwischen den Häusern stand und aussah wie ein Haus von moderner Architektur war damals neu für mich und unfassbar. Von Miami flogen wir nach Mexiko City, dort besuchten wir unseren Freund Fritz mit Familie. Anschließend machten wir uns auf den Weg nach Vera Cruz, das sich seit unserem letzten Aufenthalt in den siebziger Jahren sehr verändert hat und nicht mehr zu erkennen war. Für Laura war das alles neu und interessant, wir hatten Mexiko ja schon besucht und vieles gesehen. Besonders von Teotihuacan war sie begeistert. Die historische Stätte befindet sich etwa 50km nordöstlich von Mexiko City in der Nähe von San Juan Teotihuacán auf etwa 2000 Meter Seehöhe. Seit 1987 zählt sie zum Weltkulturerbe der UNESCO. Sie ist eine der bedeutendsten Tempel-Ruinenstätten der Welt. Erbaut um 1500 vor Christus von unbekannten Völkern galt sie bei den Azteken als Geburtsort ihrer Götter und religiöses Zentrum. Obwohl Teotihuacán seit über einem Jahrhundert wissenschaftlich erforscht wird, sind 95% der Ruinen noch nicht ausgegraben. Noch während wir die Pyramiden bestiegen, teilte uns Laura überzeugend mit, dass sie unbedingt Archäologin werden möchte. Der Berufswunsch änderte sich noch öfters bis es unerwartet Realität wurde. Die Atmosphäre in diesem riesigen Areal, trotz Touristen, versetzte mich in eine andere Zeit. Laura war dann fest entschlossen ein Jahr als Au-Pair nach Frankreich zugehen. Sie traf auch dort auf eine nette, ihr zugewandte Familie mit zwei kleinen Söhnen. Danach studierte sie in München „Vorderasiatische Archäologie, Assyriologie und Ethnologie". Glück hatte sie mit ihren Praktika, zuerst ein Platz in Berlin (Pergamon) und dann im Louvre in Paris. Unverhofft erbte Peter von einem Freund eine Wohnung in Paris, die Laura als erste besichtigte. Nach ihrem Studium ging sie für ein Jahr nach Damaskus um Arabisch zu lernen. Peter besuchte Laura gegen Ende ihres Aufenthalts in Damaskus, just als der Bürgerkrieg losging. Leider nahm ich mir nicht die Zeit ihn zu begleiten, was ich heute sehr bereue. Der Bürgerkrieg näherte sich Damaskus und Laura schaffte es noch rechtzeitig zurück nach München zu kommen.

In diesem Zeitraum fuhren wir sehr oft nach Paris um die Wohnung zu renovieren. Meistens im August. In Paris entdeckte ich meine Kreativität. Ich hatte mir vorher nie zugetraut zu renovieren, war überrascht, dass das Renovieren mir ganz gut gelang und mir Freude machte. Es machte Spaß die schönen, hohen alten Fenster und auch die Türen und den Kamin zu streichen. Die Wohnung hatte von Anfang an eine sehr gute Atmosphäre. Die Mieterin der Wohnung muss eine gute Seele gewesen sein. Laura hatte den Mut, nach Damaskus, ohne eine Arbeitsstelle in Aussicht zuhaben, in die Wohnung nach Paris umzuziehen. Was sich allerdings schnell änderte. Sie fand vorübergehend einen Job in einer

Investmentbank, wo sie unter anderem Übersetzungen vom Englischen ins Französische machte. Nicht ihr Traumjob, aber es war eine gute Lehre das französische Arbeitsleben kennenzulernen. Sie bewarb sich als Kulturreferentin in der Deutschen Botschaft Paris und erhielt einen unbefristeten Vertrag. Was ein großer Erfolg für sie war und ihr Traumjob wurde, der ihr viel Spaß macht und in den sie ihre ganzen Talente und Fähigkeiten einbringen kann.

57

Im Jahr 2007 machten wir uns auf den Weg nach Indien. Es war mein erster Aufenthalt in Indien. Diese erste Reise führte uns nach Südindien. Von München aus flogen wir nach Bangalore. Dort nach Mitternacht angekommen, standen am Flughafen viele Männer mit ihren weißen Gewändern. Mit dem Taxi fuhren wir in die Stadt zu unserem Hotel und schauten uns Bangalore an. Mit 11,4 Millionen Einwohnern ist sie heute nach Mumbai und Delhi die drittgrößte Stadt Indiens. Bangalore – offiziell eigentlich „Bengaluru" – ist sowohl als „Gartenstadt" als auch unter dem Namen „Silicon Valley von Indien" bekannt und bietet für Technikbegeisterte ein wahres Paradies mit der höchsten Anzahl an IT-Unternehmen des Landes. Abwechslung von all der Technologie bieten die zahlreichen Gärten, Museen, Paläste und Tempel. In Bangalore habe ich erlebt wie das geordnete Chaos brodelt und indisches Flair auf westliche Lebenskultur trifft. Duftende Gewürze, bunte Farben und lautes Treiben auf den Märkten war mein erster Eindruck von Indien. Probleme hatte ich beim überqueren der Straße. Es gibt fast keine Ampeln und die vielen Menschen gehen trotz des großen Verkehrs zwischen den Autos zügig über die Straße, was für mich ein Albtraum war.

Wir mieteten uns Tage danach ein Auto mit einem Chauffeur, der uns nach Mysore brachte. Mysore ist eine alte Maharadscha-Stadt im Süden Indiens im Bundesstaat Karnataka. Die Hauptsehenswürdigkeit Mysores ist der riesige Amba-Vilas-Palast der früher herrschenden Maharadschas, der mitten in der Stadt in einem Park gelegen, zumindest zum Teil besichtigt werden kann. Sehr beeindruckend für mich war das Stadtbild von Mysore mit zahlreichen repräsentativen Bauten aus der Kolonialzeit und den schillernd bunten Märkten und deren unvergleichliches Flair. In einer Gasse, die wir durchquerten, hatte ich ein deja vu Erlebnis. Die InderInnen lagen auf dem Weg, schauten mich an und ich hatte ganz stark das Gefühl, dass diese Gasse und die Menschen mir sehr vertraut waren. Auch eine heilige Kuh die auf einer Hauptstraße lag und die die Autos umschifften, hat mich beeindruckt. Mysore ist der Ursprungsort des Ashtangs Yoga, dessen Übungsstil Mysore heißt. Weiter ging es mit dem Bus nach Kochi. Kochi (auch als Cochin bekannt) ist eine Stadt des indischen Bundesstaates Kerala im Südwesten des Landes. Eine indische Stadt am arabischen Meer, die für chinesische Fischernetze, jüdische Synagogen und europäische Architektur berühmt ist. Sehenswert das Fort Kochi. Es bezeichnet nicht eine einzige Sehenswürdigkeit, sondern gleich einen ganzen Stadtteil, der zu den bedeutendsten Sehenswürdigkeiten in der Region zählt. Gelegen ist das Fort Kochi, auch „Old Kochi" genannt, an der Küste im Norden der Stadt auf einer Halbinsel. Wir machten auch eine Bootstour in die Backwaters. Die Backwaters von Kerala sind ein weit verzweigtes Wasserstraßennetz bestehend aus 44 Flüssen, 29 Seen und über 1.500 km Kanälen und natürlichen Wasserstraßen. Sie liegen im Südwesten Indiens im Hinterland der Malabarküste. Die meisten kleinen Kanäle sind mit Wasserhyazinthen überwuchert, am Ufer stehen Kokosnusspalmen, Cashewbäume und der Himmel leuchtet tiefblau. Die Backwaters sind das Zuhause unzähliger Tier- und Pflanzenarten. Egal wohin ich auch schaute, überall säumte üppiges, dichtes und absolut bestechendes Grün die unzähligen Ufer dieser Küstenregion. Es ist ein Dschungel aus Palmwäldern, Reisfeldern und undurchdringlichem Buschwerk. Entlang der Backwaters gibt es nur einzelne, kleine Häuschen und Siedlungen.

Der Ashram von Amma sticht auch hier aus seiner Umgebung hervor. Es ist ein Komplex aus fünf 11-stöckigen Wohnblöcken, die um einen Tempel angeordnet sind. Diese Hochhäuser passen so gar nicht zu den einfachen hübschen Unterkünften der anderen Bewohner der Backwaters. Amma oder Mata Amritanandamayi ist eine indische spirituelle Führerin mit weltweiter Anhängerschaft. Von ihren Anhängern wird sie Amma bzw. Ammachi genannt und als Avatar-Guru verehrt. Amma inspiriert, ermutigt und transformiert Menschen durch ihre körperliche Umarmung, ihre spirituelle Weisheit und ihre karitativen Projekte. Bislang hat Amma mehr als 30 Millionen Menschen umarmt und getröstet. Wir setzten unsere Reise mit den Zug fort nach Varkala. Die Kleinstadt liegt rund 50 km nördlich von Trivandrum (Kerala) am Meer. Nach heißen und anstrengenden Tagen in indischen Städten war es Erholung pur. Die kleinen Wege, die vielen Palmen, die gemütlichen Lokale, die Stille und eine sehr entspannte Atmosphäre. Der Ort ist eher ein Backpacker - Ghetto, aber die Voraussetzungen für paar Tage Erholung sind trotzdem perfekt. Der erste Anblick bleibt mir in Erinnerung. Das Arabische Meer vor Augen, unter uns der Abgrund. Bestimmt zwanzig Meter geht es steil hinab zum beeindruckenden Strand von Varkala. Ich genoss dort täglich Ayurveda Behandlungen, die mir sehr gut taten. Nach ein paar Tagen machten wir uns auf den Weg nach Trivandrum, der Hauptststadt des indischen Bundesstaats Kerala. Ahnungslos gerieten wir schon auf der Bahnfahrt in das größte Frauenfest der Welt, was unsere Suche nach einer Unterkunft sehr erschwerte. Das Fest nennt sich Pongala und heißt „überkochen". Frauen kochen eine süße Reissspeise zu Ehren der Göttin vom Attukal Bhagavathy Tempel. Altäre zu Ehren der Göttin sind zahlreich aufgebaut. Alle Straßen und Plätze im Umkreis von mehreren Kilometern sind von Frauen belegt. Das Feuer wird gebracht vom Tempel und auf der Straße werden damit unzählige Feuer entfacht um Essen zu kochen. Alle Frauen sind in Festtagskleidung. In den frühen Morgenstunden fuhren wir rechtzeitig mit dem Taxi zum Flughafen um nach Bangalore zufliegen, und konnten so den Trubel auf den Straßen umschiffen. Von Bangalore ging es nach Hause. Indien ist anstrengend, beeindruckend und faszinierend zugleich.

2009 waren wir neugierig auf Nordindien. Unser Ausgangspunkt war Neu-Delhi. Neu- Dehli ist die Bundeshauptstadt Indiens, Sitz der indischen Regierung, des Parlaments und der obersten

Gerichte. Mit 28,125 Millionen Einwohnern drittgrößte Metropolregion der Welt. Wir freuten uns Dehli zu erkunden. Die indische Metropole bietet eine Vielfalt an Sehenswürdigkeiten von Tempeln über Museen bis hin zu Parkanlagen. Zum Beispiel das Rote Fort ist eine Festungs- und Palastanlage aus der Epoche der Mogulreiche. Sie wurde zwischen 1639 und 1648 für den Mogulkaiser Shah Jahan erbaut und gehört seit 2007 zum Weltkulturerbe der UNESCO wie auch das modernere India Gate. Offiziell trägt der 42 Meter hohe Triumphbogen den Namen India War Memorial. Er erinnert an die britisch - indischen Gefallenen des Ersten Weltkriegs. Mehr als 90.000 Namen von Kriegstoten sind in den Stein des Monuments eingraviert. Die Erinnerungsstätte ist dem französischen Triumphbogen nachempfunden. Eine gigantische, weitläufige Stadt mit sehr, sehr vielen Menschen, einer schlechten Luft und viel Hitze.

Unsere Reise setzten wir fort nach Udaipur in Rajasthan. Die Stadt ist vor allem für ihre prachtvollen Palastanlagen in der von Seen durchzogenen Landschaft berühmt. Deshalb wird sie auch „Venedig des Ostens", die „Romantischste Stadt Indiens" oder das „Kashmir Rajasthans" genannt. Udaipur ist deshalb nicht nur in indischen, sondern auch in westlichen Filmen wie „Der Tiger von Eschnapur", „Das indische Grabmal" zusehen. Der City Palast ist das Wahrzeichen der Stadt. Am Ufer des Lake Pichola ragt der größte Palast Rajasthans majestätisch in den Himmel. Wir wohnten in einem kleinen Hotel am Fateh Sagar See mit einem unvergesslichen Ausblick auf eine Blumeninsel und einen Tempel darauf. Der Stausee war ausgetrocknet. Die Ruhe und die entspannte Atmosphäre ist für indische Verhältnisse sehr ungewöhnlich. Begeistert war ich von den glitzernden Saris der indischen Frauen, die leuchten schöner als jeder Regenbogen. Auch die einzelnen Städte und Dörfer im Norden Indiens präsentieren sich jeweils in ganz unterschiedlichen Farben. Mit dem Bus ging es weiter nach Jaipur, der Hauptstadt von Rajasthan mit 2,63 Millionen Einwohnern. Den klangvollen Namen „Pink City" erhielt Jaipur aufgrund der rosaroten Gebäude in der Altstadt. Die Häuser und die Stadtmauern sind pink angemalt. Man kann viel herumlaufen und den Einwohnern beim Handeln auf den Märkten und Geschäften zu sehen. Jaipur fasziniert durch einzigartige Bauwerke wie das Amber Fort und den Palast der Winde und ist auch für eindrucksvolle Paläste bekannt. Etwas abgelegen fanden wir ein kleines romantisches Hotel am Stadtrand, ruhig. Nachdem das Hotel ausgebucht war, erhielten wir eine Hochzeitssuite, die riesengroß war und mich an das persische

Märchen „Tausend und eine Nacht" erinnerte.
Das Hotel war im „Lonley Planet" Reiseführer als
sehr gut angepriesen und dementsprechend voll
besetzt.

Mit dem Bus setzten wir unsere Reise weiter nach
Agra, eine Stadt im nordindischen Bundesstaat
Uttar Pradesh, fort. Dort befindet sich das
bekannte Taj Mahal, ein Mausoleum, das
Großmogul Shah Jahan für seine 1631 im Kindbett
gestorbene Frau Mumtaz Mahal erbauen ließ. Das
Taj Mahal ist Kulturerbestätte und liegt am Ufer
des Flusses Yamuna. Der Weg dorthin war von
Touristen und Händlern gesäumt, letztere wollten
einem ständig etwas verkaufen. Am Einlass
wurden Frauen und Männer getrennt
(Sicherheitskontrolle), die sich dann im Garten des
Taj Mahal wieder trafen. Ich war mehr
beeindruckt als erwartet von dieser Pracht,
Schönheit und grandiosen Architektur der
Gebäude und des Gartens. Wir besuchten auch
Fatehpur Sikri, das ca. 40 km von Agra entfernt
liegt. Fatehpur Sikri, die kurzzeitige Hauptstadt
des Mogulreiches unter Kaiser Akbar, wurde
komplett aus rotem Sandstein erbaut. Die Stadt
wurde jedoch nach kaum 10 Jahren wieder
komplett verlassen und ist seitdem eine
Geisterstadt. Fatehpur Sikri ist eine Festung mit
einer Reihe königlicher Paläste, Harems, Höfen
und der weitläufigen Jama Masjid (Moschee). Es

gehört seit 1986 zum Weltkulturerbe. Die Ruhe und die Ausstrahlung der Gebäude waren sehr beeindruckend. Danach ging es wieder nach Dehli und von dort aus nach Hause. Es war eine überwältigende, imponierende, kulturelle Reise durch den Norden Indiens.

58

Nach der Renovierung in Paris kam in mir der Wunsch hoch zu malen. Was ich bis dahin vehement ablehnte, „Das kann ich nicht" die alte Leier. Ich hatte den Mut es zu probieren und es erfüllte mich tief in meinen Inneren. Beim malen lasse ich mich von meinen Gefühlen leiten. Nicht zu wissen was daraus entsteht, mich auf diesen Prozess einzulassen, ist wie eine Reise ins Ungewisse, die viel Mut und Durchhaltevermögen erfordert. Umso schöner das Ergebnis dieses kreativen Prozesses. Alles was mit Kreativität zu tun hatte war in meiner Ursprungsfamilie kein Thema. Ich glaube ihnen fehlte der Mut es zu versuchen. Es waren immer die Anderen, die mehr konnten und auf die respektvoll geblickt wurde. Mich freute es, dass ich etwas Neues an mir entdeckte. Ich hatte das Gefühl es geht mit mir bergauf. Was leider nicht lange anhielt. Dass ich Angst hatte in der Nacht im Schlaf zu sterben, unterschwellig immer noch das Gefühl hatte nicht zu genügen, verdrängte ich. Es gab ja inzwischen viele positive Erfahrungen, etwas das alles überdeckte, bis dann die Gesichtsschmerzen da waren.

59

Meine Rettung in dieser Zeit war die Psychotherapie. Ich hatte wöchentlich einen Termin und beschäftigte mich bis zum nächsten Termin mit dem Erfahrenen. Zu der Therapeutin hatte ich wie schon erwähnt großes Vertrauen. Am Anfang ging es um meine Osteoporose die mir viel Angst machte und die für alles stillhalten musste. Internet- und Meditationsverbot hatte ich seit der ersten Stunde, was ich auch akzeptierte. In der Meditation besteht die Gefahr zu grübeln und zu fantasieren, was die Probleme verstärken kann. Bei Depressionen und anderen psychischen Erkrankungen ist die Meditation kontraproduktiv. Nachdem ich mehr mit den Kursteilnehmern und weniger mit mir beschäftigt war, konnte ich meinen wöchentlichen Meditationskurs weiterleiten. Meine Kurse bei der VHS gaben mir trotz Schmerzen das Gefühl gebraucht und nicht vergessen zu werden. Auch wenn ich starke Schmerzen hatte, ein Treffen mit Freundinnen abzusagen kam für mich nicht in Frage. Dabei half mir die Erinnerung an Teilnehmer aus den Angstgruppen, die oft alle Aktivitäten aufgaben und sich nur noch ihren Ängsten widmeten. Diese

Abwärtsspirale wollte ich nicht leben. Was dazu führte, dass meine Umgebung meinen Schmerz nicht verstehen konnte, von außen ging es mir offensichtlich gut? Ich verstand ihn ja oft auch nicht. Wenn ich auf Rückzug war, ein altes Muster, bekam ich Angst, verspannte mich und wurde steif an Körper und Geist.

Der Körper ist ein Teil des Denkens und sehr schlau. In einer solchen Verfassung fasste ich den Mut, suchte die Nähe zu Peter und redete mit ihm über meine Schmerzen und Ängste. Er hat mir immer wieder zugehört, auch wenn ich spürte, dass es ihm zu viel war. Dieses Anvertrauen war für mich neu und sehr wichtig. Rückzug war als Kind für mich eine Lebensstrategie, mich unsichtbar zumachen und nicht aufzufallen. Bisher hatte ich mich trotz der intensiven Begegnung mit meinen inneren Kind wenig mit ihm beschäftigt. Ich nahm es nicht so ganz ernst und just in einer Therapiestunde zeigte sich das innere Kind wieder. Es saß auf dem Sofa neben mir, ich schaute es an und es kam mir fremd vor. Ich spürte, dass das innere Kind alles tat, damit ich es wahrnahm. Ganz behutsam versuchte ich mich wieder ihm anzunähern und es zu trösten, was auch bei dieser Begegnung für uns beide schwierig war. Es war noch ein weiter Weg zu meinem inneren Kind. Irgendwann fiel mir auf, dass das innere Kind immer für mich sorgt und damit wieder alleine mit seinem Schmerz fertig werden muss. Ich war keine gute Mutter für mein inneres Kind. Sehr lange führte ich ein Dialogbuch mit meinem inneren Kind, bis ich begriff was ich meinem inneren Kind zumute, es ging in diesem Buch nur um meine Probleme. Es war Unwissenheit, was mir in der Seele leid tut.

Was bedeutet das innere Kind... das Innere Kind steht symbolisch für alle im Gehirn gespeicherten Gefühle, Erinnerungen und Erfahrungen aus der Kindheit, wovon die meisten unbewusst sind. Hat das Kind in der Vergangenheit viel Schmerz oder Traumatisierungen erlebt, wird es möglicherweise vom inneren Erwachsenen abgetrennt. Der Erwachsene will sich davor schützen, den Schmerz des Kindes zu fühlen und lehnt es ab, die Verantwortung für es zu übernehmen. Er möchte die eigene Hilflosigkeit und das Ausgeliefertsein nicht spüren oder fühlt sich überfordert, das Kind zu versorgen. So haben viele Menschen beim Heranwachsen gelernt, den Zugang zu ihrem Inneren Kind zu drosseln oder abzuschneiden, um bestimmte Gefühle zu verdrängen. Das Problem entsteht, weil es nicht möglich ist, nur die schlimmen Gefühle auszuklammern, sondern gleichzeitig der Zugang zu den positiven Gefühlen versperrt wird. Das abgelehnte Innere Kind empfindet sich dann als unzulänglich, schlecht, nicht liebenswert und entwickelt intensive

Gefühle von Schuld und Scham. Es lernt, sich davor zu fürchten, dass die Menschen es verlassen und zurückweisen. Dieses „ungeliebte Kind" lebt in der ständigen Erwartung zurückgewiesen zu werden und projiziert diese Erwartung auf andere Menschen, unterstellt ihnen, es permanent abzulehnen. So kann beispielsweise geringfügige Kritik durch den Partner oder andere Personen panische Angst auslösen, weil das innere Kind diese Kritik mit altbekannten Gefühlen von Angst vor Strafe und Zurückweisung verbindet, und eine an sich harmlose Situation kann unangemessen eskalieren. Der „lieblose Erwachsene", der das Kind nicht annimmt, verhält sich so, wie seine Eltern oder andere Bezugspersonen ihn geprägt haben. Er handelt nach falschen Glaubensmustern/Widerstandsmustern, zum Beispiel „Ich kann das nicht, bin dumm, andere können das besser als ich". Das alles kenne ich zu genüge. Das innere Kind braucht den liebevollen Erwachsenen der es tröstet, ihm glaubt und es so annimmt wie es ist.

60

Hinter meinem Brustbein hatte ich ein Gefühl als wenn etwas in mir verkapselt wäre. Die Kapsel wurde je nach Verfassung größer und kleiner in meiner Vorstellung wahrgenommen. Irgendetwas war in dieser Kapsel enthalten, aber was? Ich redete in der Therapie darüber und es kam der Missbrauch aus meiner Kindheit, der vor zwanzig Jahren schon einmal Thema war und den ich damals nicht ernst nahm, zum Vorschein. Ganz sanft und emphatisch begleitete mich meine Therapeutin. Nachdem ich das dosiert aus mir heraus lies, konnte ich es nicht glauben bzw. es ging nicht in meine Gefühle hinein, so als ob ich neben mir stehe. Zur gleichen Zeit war ich im Zweifel ob das überhaupt stimmt. Damit kämpfte ich sehr lang. Auch jetzt beim Schreiben fällt mir auf, dass ich mir wieder die Frage stelle, „war das so wie ich es spüre auch real?" Leider habe ich keine Beweise, kann mich nur gefühlsmäßig erinnern. Ja, es ist real. Es ist klarer mich an die Schläge von meiner Mutter und meinen Vater zu erinnern. Auch die Abwertungen sind noch präsent. Ich wartete immer darauf, dass Bilder in mir hochkommen, um alles gut einordnen zu können. Aber so funktioniert das Leben nicht, was ich lange nicht wahrhaben wollte. Ich gab mir die Schuld, dass ich so wenig an mir arbeitete und deshalb nicht ganz klar den Missbrauch vor mir sah. Immer wieder hörte ich, dass ich ganz intensiv an mir arbeitete bzw. arbeite. Allerdings nahm ich das nur vage wahr. Mit 63 Jahren kam zum Vorschein, was ich Jahrzehnte verdrängt hatte, es dieses mal aber nicht mehr ignorieren konnte. Die Schmerzen, mein inneres Kind, machten mich darauf aufmerksam hinzuschauen. Lange waren die Übergriffe für mich nicht mehr erinnerbar. Waren es sexuelle Handlungen mit oder ohne direkten Körperkontakt? Diese Frage stellte ich mir sehr oft und es verlangte Mut hinzuschauen. Die Kapsel öffnete sich und machte sich bemerkbar in körperlichen Symptomen. Ich musste mit zwei schweren Belastungen zurechtkommen, den auslösenden (aktuellen) und den darunter verborgenen, früheren Traumatisierungen. Wie eine Archäologin machte ich mich mit Hilfe meiner Therapeutin auf die Suche danach, was das alles heute mit mir macht. Es ging darum wie lebe ich heute mit den Folgen des Missbrauchs und mit meiner Kindheit. Das nahezu unerträgliche Erleben von Ohnmacht, Hilflosigkeit, Angst, Wut, Schmerz und Ausgeliefertsein war so in mir internalisiert, dass ich glaubte das gehört zu mir, es ist meine Schuld, dass es nicht verschwindet. Schuld und Schamgefühle trieben mich oft in die Isolation. Den Satz „sich zeigen, dann geht die Scham weg,"verstehe ich erst heute. Die Scham gehört zu meinen Eltern und nicht zu mir, was immer wieder gefühlsmäßig schwer für mich zu begreifen ist. Ich traute mir nichts zu, hatte das Gefühl alle Menschen sehen mir an, dass ich nicht gut genug bin, ungebildet und dumm, für das schämte ich mich sehr und war davon überzeugt, dass es stimmt.

Ein gesundes Schamgefühl bietet uns einen sicheren Schutzraum, von dem aus wir Orientierung und Halt finden. Es schützt so vor Selbstüberschätzung, Selbstunterschätzung und Überforderung. Es ermöglicht uns folglich eine gesunde Selbsteinschätzung, im Verhältnis zu der Situation in der wir sind, zu treffen. Bei der toxischen Scham sind genau diese Orientierungsmarker verrutscht oder gar nicht mehr vorhanden. Sie entsteht durch jede du-bist-nicht-richtig-Botschaft, vor allem in sehr jungem Alter. Kinder, die wenig oder gar nicht geliebt wurden, die instrumentalisiert und emotional oder körperlich missbraucht wurden, die vernachlässigt oder überbehütet wurden, haben genau diese Botschaft bekommen. Denn Eltern, die nicht lieben können, die nicht fühlen können, oder die sich selbst hassen, narzisstische Mütter und Eltern, die selbst voll mit unverarbeiteter toxischer Scham und Schuldgefühlen sind, die suchtkrank sind und ihren Lebensschmerz auf ihre Kinder übertragen, oder selbst bedürftiger sind als ihre Kinder, haben oft keinen Bezug zu ihren eignen Grenzen und Bedürfnissen. Sie können ihre Kinder in ihrer Individualität und ihren natürlichen Rechten nicht wahrnehmen.

Das wiederum führt dazu, dass Kinder solcher

Eltern sich selbst nicht richtig wahrnehmen können, auch nicht ihre Grenzen und Bedürfnisse. Zudem kommt meist eine konstante Notwendigkeit, die Launen und Verfassungen der Eltern wahrnehmen und berücksichtigen zu müssen. Auch diese Art von Daueranspannung verhindert das Wahrnehmen der eigenen Grenzen. Fehlende Wahrnehmung der eigenen Grenzen produziert toxische Scham. Ein gesundes Schamgefühl hingegen gehört zu unserem Leben. Ausgelöst wird die toxische Scham durch Alltagssituationen. Kleinste Abweichungen von der Norm, Fehler machen, nicht-die-Beste-sein, zu viel gesehen werden, übersehen werden, Kritik, Zurückweisung können extrem peinlich sein. Gerne werden diese Menschen von anderen, die ihre toxische Scham tiefer verdrängt haben, per Projektion auch noch vorsätzlich beschämt. Schuldgefühle quälen uns meistens dann, wenn wir das Gefühl haben, wir hätten etwas falsch gemacht. Schuldgefühle sind alte, in der Kindheit erzeugte Gedanken, also Glaubenssätze, dass man einen Fehler gemacht hat. Sie entstehen, weil man das Gefühl hat, sich nicht richtig verhalten zu haben.

Beides kenne ich sehr gut. Zwischen Scham und Schuld gibt es einen Unterschied. Schuld ist was ich getan habe, oder glaube getan zuhaben, das meiner Meinung nach nicht in Ordnung ist und nicht gut war. Bei der Scham kommt zum Ausdruck, dass mit meiner gesamten Person etwas nicht in Ordnung ist, dass ich ein Fehler bin. Schuld basiert auf tun, Scham basiert auf sein. Die Scham ging bei mir soweit, dass ich mich total ablehnte, was mir permanent Schmerzen bereitete. Auch kostete es mich viel Energie die Scham zu verstecken.

Ich verlangte von mir alles richtig zumachen, was stresste und mir viel Kraft abverlangte. Nach dem Motto „wer nicht richtig ist, muss alles richtig machen". Das trifft es genau. Auch machte ich oft die Anderen zu Tätern und mich zum Opfer, weil ich glaubte, dass sie mich auch so sehen wie ich mich sehe. Mein Gefühl der Sicherheit und das Vertrauen in mich und andere Menschen war erschüttert. Immer wieder musste ich darum kämpfen. Als Kind blieb mir keine andere Wahl als mich in die Nebelwand zu flüchten und mich weg zu beamen, zu erstarren oder neben-mir-zu-stehen. Was sich auch als Erwachsene unter Stress im Alltagsgeschehen zeigte. Lange habe ich gebraucht um es zu merken. Nachdem ich als Kind körperlich nicht weglaufen konnte, war das für mich der Weg mich seelisch aus der Situation herauszuziehen. In so einer unerträglichen Situation kann die Seele zu einem Überlebensmechanismus greifen, in der Fachsprache „Dissoziation (nichts mitbekommen,

wie abwesend sein). Das Abspalten von unangenehmen Gefühlen, die im Keller eingesperrt sind. Oder das genaue Gegenteil, „Hypervigilanz" (alles mitbekommen, extrem wachsam sein). Zum Beispiel wenn ich Schritte höre, werde ich extrem wachsam. Beides ist mir bekannt. Es ging in der Therapie immer wieder darum meine Bedürfnisse ernst zunehmen. Die Erkenntnis nahm ich wahr, ging aber darüber hinweg. Was sind meine Bedürfnisse? Gemeint sind innerliche Bedürfnisse. Die waren bei mir verschüttet. Auch wenn welche da waren forderte ich sie nicht ein, sondern wartete immer auf die Erlaubnis von jemanden, was leider sehr selten geschah. So lebte ich mein ganzes Leben in der Warteschlange. Was mich gegenüber Anderen unsicher und verwirrt machte. Die Angst vor Ablehnung war sehr groß. Zu lernen meine Phantasien wahrzunehmen und sie zu hinterfragen war sehr wichtig für mich. Phantasien und die daraus resultierenden Gedanken machen Angst. Es war gut für mich Katastrophenszenarien oder unnötige Sorgen zu erkennen und einen gesunden Abstand zum eigenen Kopfkino zu entwickeln.
Das half mir zuerkennen, dass solche Katastrophenszenarien unter Stress verstärkt auftauchen und nicht der Realität entsprechen. Meine Gesichtsschmerzen waren in dem Fall mein

Seismograph, was sehr schwer zu verstehen war. Oft wusste ich nicht was mich beschäftigte, machte mir Druck beim erforschen, was die Schmerzen noch verstärkte. Tapfer und mutig setzte ich mich Woche für Woche mit mir auseinander. Ich wollte gesund werden und begriff diese Therapie als letzte Chance. Sehr schnell kam ich dadurch innerlich in Stress und mein Körper reagierte mit Anspannung, was oft schwer zu beeinflussen ist. Vor allem wenn es um eine Leistung geht, auch wenn sie mir Freude macht, kann ich in Stress geraten. Da wird etwas aus meiner Kindheit getriggert und das Gefühl von Versagen ist in dem Moment real. Jedes Gefühl, ob irrational oder nicht, ist zuerst einmal als Erfahrung real. Es fiel mir schwer zu glauben, dass ich als Mensch, der ich bin, akzeptiert werde, ohne dass ich dafür eine Leistung erbringe. Die aus der Kindheit erlebte Hilflosigkeit hatte mich wieder im Griff. Durch Stress entsteht Hilflosigkeit, umgekehrt ist Stress erlernte Hilflosigkeit. Es waren immer Situationen in denen es um mich ging, wo ich mich zeigen sollte. Das wirkte und wirkt sich oft auch noch heute so aus, dass ich nichts mehr zu sagen habe, unsicher werde und mich innerlich zurückziehe. Ganz anders, wie schon erwähnt, ist die Situation wenn ich mit Menschen arbeite, da bin ich sicher, kreativ und ganz bei mir. Den Satz, das

Gegengewicht von Kindheit und Heute zu finden, den mir meine Therapeutin mit auf den Weg gab, konnte ich lange nicht einordnen und verstehen. Mein alter Glaubenssatz „ich weiß nicht wie?" kam immer wieder zum Vorschein. Das Gegengewicht „ich weiß/kann es, aber traue mich nicht" fühlt sich mehr nach Eigenverantwortung an, der Glaubenssatz dagegen nach Stillstand. Meine Therapeutin versuchte immer wieder die gesunden Anteile in mir zum Vorschein zu bringen. Auch, dass ich die Lieblingstochter von meinen Vater war, wollte ich nicht wissen. Das passte nicht in mein Bild. Auf der einen Seite ein liebevoller Vater und auf der anderen Seite ein bedrohlicher Vater. Das war alles zu viel für mich. Die Schläge, Abwertungen und Drohungen. und vor allem das Redeverbot, dass sich bis zum heutigen Tag bei mir eingebrannt hat. Ich weigerte mich vehement anzuschauen was auch gut war in meiner Kindheit. Ich konnte es nicht zusammen bringen. Fortwährend suchte ich nach meinen Gefühlen. Es kamen keine Tränen, Wut oder Aggression. Ich hatte das Weinen verlernt. Es gab Zeiten, vor ungefähr 30 Jahren, da konnte ich noch weinen. Heute sehe ich oft einen ausgetrockneten See in einer schönen Landschaft vor mir und habe das Bedürfnis den ganzen See mit meinen Tränen zufüllen.
Als Kind war es notwendig die Gefühle zu

verdrängen, um den Schmerz nicht zu spüren. Anstelle der Gefühle war die Angst präsent. Ängstler halten die Gefühle oft fest. Auch die Hoffnungslosigkeit hat keine Gefühle. Gar nichts mehr zu spüren, macht starr und depressiv. Ich konnte ganz schlecht die Wut, den Hass und Zorn gegenüber meinem Vater zulassen. Manchmal hatte ich auch Wut und Zorn auf mich selbst, das Geschehene nicht verhindert zu haben. Ich musste lernen zwischen konstruktiven und schädlichen Ausdrucksformen der Wut zu unterscheiden. Ärger, Aggression und Wut sind kraftvolle Gefühle, die helfen können sich abzugrenzen, nein zu sagen, Abstand herzustellen und sich für die eigenen Bedürfnisse einzusetzen. Also ein gesunder Egoismus, was mir sehr schwerfiel. Das löste wiederum die Angst aus, nicht zu genügen bzw. überhaupt etwas zu fordern. Lange habe ich daran gearbeitet und es besteht immer noch mehr Bedarf an meinen Bedürfnissen zu arbeiten. Für meine Bedürfnisse einzutreten ist das Gegenteil davon, ein Opfer zu sein. Ich machte mich lieber klein, um weniger Angriffsfläche zu bieten. Ich hatte Angst mich auszudehnen, weil ich befürchtete, erneut abgelehnt zu werden.

Allein der Gedanke, dass ich mehr Raum beanspruche, machte mir Angst. So hatte ich mir seit meiner Kindheit ein eigenes Gefängnis errichtet. Partnerschaft war anfangs in der Therapie kein Thema für mich, was total absurd war. Meine Beziehung zu Peter änderte sich in dieser Zeit. Ich öffnete mich ihm viel mehr gegenüber früher und war auch offen was meine Kindheit betrifft. Das Pendeln zwischen Nähe und Distanz war wichtig für mich und ich nahm und nehme mir dieses Bedürfnis ohne schlechtes Gewissen. Mit der Zeit wurde mir immer deutlicher bewusst, dass meine Grenzen und Bedürfnisse so verletzt und missachtet wurden, dass körperliche Nähe mir Angst macht und ich sie vermeide. Lange habe ich nicht verstanden warum ich kein Bedürfnis nach körperlicher Nähe habe. Heute weiß ich, dass das mit meinem Trauma zu tun hat und die Bedürfnisse verschüttet sind. Jeder Mensch hat das Bedürfnis nach körperlicher Nähe, so auch ich. Es fällt mir leider immer schwer, körperliche Nähe zuzulassen. Mit meinem Trauma versuchte ich mich akribisch zu beschäftigen, was mich oft überforderte.

Der Begriff „Trauma" kommt aus dem Griechischen und bedeutet „Verletzung". Unter einem psychischen Trauma versteht man eine seelische Verletzung oder eine starke psychische Erschütterung, die durch ein extrem belastendes Ereignis hervorgerufen wird. Ein Trauma hinterlässt „Abdrücke" im Körper sowie in allen anderen Gebieten des Lebens. Der Abdruck im

Körper zeigte sich bei mir schon sehr früh in chronisch verspannten Gewebepartien. In einem verfestigten Zwerchfell und flachem Atem, in kalten Händen und Füßen, Nacken und Rückenschmerzen. Was sich im Laufe der Zeit durch die Arbeit am Atem und den Ängsten verbesserte. Allerdings mit den Gesichtsschmerzen und starken Nacken-Rückenschmerzen kam der Schmerz ganz nah und ich konnte ihn nicht mehr unterdrücken, war gefordert die Sprache des Körpers zu verstehen. Der Körper zeigte mir, was ich nicht über die Lippen brachte. Die erhöhte Anspannung und Wachsamkeit die als Kind überlebenswichtig war, führte zu einer anhaltenden erhöhten Muskelanspannung, dies wiederum zu Verkrampfungen der Muskulatur mit entsprechenden Schmerzen.

Darüber hinaus gibt es ein sogenanntes Schmerzgedächtnis. Erfahrungen von Schmerz werden im Körper gespeichert und können durch ein ähnliches, Schmerz verursachendes Ereignis, wieder abgerufen werden. Erinnerungs- und Schmerzgedächtnis liegen nebeneinander. Körperliche Schmerzen, sowie bei mir, sind oft Ausdruck von seelischen Schmerzen, die noch nicht wahrgenommen werden. Seelenschmerz der noch nicht bewältigt wurde, kann zu chronischen Schmerzsyndromen führen, für die es keine organischen Ursachen gibt. Die Grenzverletzungen im körperlichen und seelischem Bereich erschütterten mein Gefühl der Sicherheit und des Vertrauens in mich selbst, in die Welt und in andere Menschen. Sie hinterlassen Ängste, erzeugen Selbstzweifel und beeinträchtigten das Selbstwertgefühl. Sich anders als andere und isoliert zu fühlen machte mich einsam und ist ein Teil des Traumas.

61

Im gleichen Jahr als meine Gesichtsschmerzen begannen und ich mich mit ihnen auseinandersetzte, gab es einige Ereignisse die die Gesellschaft spalteten, verunsicherten und schockierten.
Das Jahr 2015, das Deutschland veränderte, war eine Zäsur der deutschen Geschichte. Nie zuvor kamen so viele Menschen ins Land, suchten hier Schutz vor Krieg, Verfolgung und Armut. Hunderttausende Flüchtlinge suchten Zuflucht in Deutschland. Die Kanzlerin entschied, die Menschen ins Land zu lassen. Eine Entscheidung, die polarisierte. Die drohende humanitäre Krise war unübersehbar. Die Lage im Bürgerkriegsland Syrien spitzte sich im Sommer 2015 dramatisch zu. Über vier Millionen Menschen waren zu diesem Zeitpunkt bereits auf der Flucht - auch aus Eritrea und dem Irak. Und immer mehr Menschen

wählten von Nordafrika aus in ihrer Verzweiflung den Weg über das Mittelmeer. Tausende von Flüchtlingen kamen in den ersten Septembertagen mit Zügen aus Österreich am Münchner Hauptbahnhof an. Viele von ihnen hatten zuvor tagelang in Budapest darauf gewartet, weiter nach Österreich fahren zu können. Viele Münchner begrüßten euphorisch die Flüchtlinge am Hauptbahnhof mit Essen, Getränken und Spielzeug. Ich hielt es für übertrieben und blieb zuhause. Später zeigte sich, dass es ein Jahr zwischen Willkommen und Ablehnung war. Ein Jahr mit Applaus und Teddybären und zugleich mit Anschlägen auf Flüchtlingsunterkünfte.

Die Terroranschläge in USA-9/11 waren in den Hintergrund gerückt, als uns im Januar 2015 die Nachricht erreichte, dass zwei Brüder ein Massaker in der Redaktion der Pariser Satirezeitschrift Charlie Hebdo verübten. Zwei Tage später macht ein Bekannter der Brüder gezielt Jagd auf Juden in einem Pariser Supermarkt. Insgesamt 17 Menschen sterben in jenen Tagen durch den islamistischen Terror. Weltweit reagierte man bestürzt auf die Gewalttat, die als Terror gegen das freie Wort und die Pressefreiheit interpretiert wird. Es war der Beginn eines schwarzen Jahres für Frankreich, das seinen Tiefpunkt im November erlebte. Diese

Terroranschläge in Paris waren koordinierte, islamistisch motivierte Attentate an fünf verschiedenen Orten im 10. und 11. Pariser Arrondissement sowie an drei Orten in der Vorstadt Saint-Denis. Laut französischer Regierung starben130 Menschen, allein 90 im Konzerthaus Bataclan und ca. 683 Verletzte, darunter mindestens 97 Schwerverletzte.

Auch beim Fußball-Länderspiel Deutschland gegen Frankreich zog der Horror ins Stade de France ein. Dass die Donnerschläge, die während der ersten Halbzeit zu hören waren, von Anschlägen waren, konnte sich kaum jemand vorstellen. Auch vor dem Stadion sind Menschen gestorben. Von all dem ahnen die 78.000 Zuschauer im größten Stadion des Landes nichts. Erst nach und nach erreichen erste Informationen das Innere des Stadions. Frankreichs Präsident François Hollande wurde in Sicherheit gebracht, der sich mit dem deutschen Außenminister Frank-Walter Steinmeier das Spiel angeschaut hatte. Hier und da liefen Sicherheitsleute hektisch umher. Das Spiel ging weiter um Massenpanik zu vermeiden. Eine Woche vorher besuchte ich Laura in Paris. An einem lauen Herbstabend saßen wir in einem netten Cafe im 10. Arrondissement, wo eine Woche später der Anschlag stattfand. Als Laura mich zum Flughafen brachte und wir am Stade de France vorbeifuhren, erzählte sie mir, dass sie beruflich an dem Freundschaftsspiel Deutschland-Frankreich leider teilnehmen muss. Nachdem ich wusste, dass Laura im Stadion war, schaltete ich in der Halbzeit den Fernseher an. Was wir dort sahen, war ein einziger Albtraum. Menschen standen in der Mitte vom Stadion, hatten Panik und weinten. Über die Medien versuchten wir genauere Informationen zubekommen, was leider zu diesem Zeitpunkt nicht möglich war. Peter versuchte Laura zu erreichen, was ihm nicht gelang, denn das Netz war völlig überlastet. Ich war in Panik wegen Laura. In der Nacht gegen zwei Uhr rief sie an, um uns mitzuteilen, dass sie unbeschadet zuhause angekommen ist. Mit ihrem damaligen Freund gingen sie einen Teil zu Fuß und fuhren mit einer nicht überlasteten Metrolinie nachhause. Die Metro vom Stadion weg war total überlastet mit den vielen Zuschauern und auch dort machte sich Panik breit. Ich bin dankbar, dass Laura nichts passiert ist. Dank der Sicherheitskräfte gelang es den Attentätern nicht ins Stade de France zu gelangen, so konnte schlimmeres vermieden werden. Nach diesem Anschlag hat sich Paris verändert. Frankreich erlebte nochmal einen schweren Anschlag 2016 in Nizza.

Kaum zu glauben, dass ein Jahr später auch uns der Horror erreichte. Bei dem rechtsradikalen Terroranschlag von München 2016 tötete ein 18-

Jähriger am 22. Juli am Olympia-Einkaufszentrum im Stadtbezirk Moosach neun Menschen. Fünf weitere verletzte er durch Schüsse. 7 der 9 Todesopfer waren Muslime, eines war ein Roma und eines ein Sinto. Die Stadt stand still. Es fuhren keine Verkehrsmittel mehr und die Menschen waren in Panik. Ich verfolgte das Ganze vom Fernseher aus. Ein gezielter Angriff auf das bunte, vielfältige und tolerante München. Wie das Oktoberfest-Attentat vor 40 Jahren und die Morde des NSU hat auch dieses Attentat tiefe Spuren in unserer Stadt hinterlassen. Insgesamt 23 Menschen wurden bei diesen Anschlägen getötet - in keiner anderen bundesdeutschen Stadt sind so viele Opfer des rechten Terrors zu beklagen wie in München. Die erste Zeit nach dem Anschlag hatte ich ein mulmiges Gefühl wenn ich etwas im OEZ zu erledigen hatte. Das Denkmal „Für Euch" ist ein Erinnerungsort an die Todesopfer des rassistischen Attentats am OEZ vom 22.7.2016.

Einige Monate später am Abend des 19. Dezember 2016 raste ein Lastwagen auf das Gelände des Weihnachtsmarktes am Breitscheidplatz bei der Berliner Gedächtniskirche. Zwölf Menschen wurden getötet, 67 verletzt. Am Steuer des gestohlenen Lastwagens saß der 23-jährige Tunesier Anis Amri. Den Fahrer hatte er zuvor erschossen. Der bewaffnete Verdächtige

Anis Amri wurde wenige Tage später bei einer Straßenkontrolle in Mailand von italienischen Polizisten erschossen. An diesem Spätnachmittag war Peter beim Einkaufen und kam Stunden später erst zurück. Er hatte unterwegs einen Fahrradunfall. Ein Mann ging vor ihm auf dem Fahrradweg und hörte sein Klingeln erst nicht, Peter bremste. Dann machte der Mann einen Schritt auf den Gehsteig um im Umdrehen wieder auf den Radweg zu treten. Peter kollidierte mit ihm und fiel auf die Bordsteinkante. Nette Menschen riefen einen Rettungswagen der ihn in die Klinik brachte. In der Klinik stellte man einen Nasenbeinbruch fest, machte mit ihm für den übernächsten Tag einen Termin da es kurz vor Weihnachten war, um die Nase wieder gerade zu richten. Vor lauter Schreck konnte ich das Attentat nicht genau verfolgen. Die Folgen des Terrors veränderten die Welt. Verunsicherung, Vorsicht, Zurückhaltung und Misstrauen machten sich in der Bevölkerung bemerkbar. Es folgten noch bis heute viele grausame Anschläge.

62

Von Zeit zu Zeit machten sich wieder meine Zähne bemerkbar. Einige unangenehme Behandlungen musste ich über mich ergehen lassen. Besonders bei der Zahnärztin hatte ich das Gefühl des Ausgeliefertseins und malte mir schon Tage vor der Behandlung Katastrophenszenarien aus. Was sich besonders in meinem Gesicht auswirkte. Brav und angepasst überstand ich jede Behandlung ganz gut. Es ging mir mit meinen Gesichtsschmerzen besser und ich entschied mich an einem Tanztheaterprojekt teilzunehmen. Dieses Projekt ging über drei Monate mit wöchentlichem Proben. Mit der Zeit nahm ich immer mehr wahr, dass die Projektleiterin irgendetwas gegen mich hatte, konnte allerdings nicht verstehen an was es liegt. Was mir schon öfters in meinem Leben begegnete und mich verunsicherte. Mit jeder Probe breitete sich das alte Gefühl nicht zu genügen mehr und mehr aus. Die Anfangsfreude verschwand und ich fieberte dem Ende entgegen. Vor der Aufführung gab es zusätzliche Proben, die sehr anstrengend waren. Als es dann endlich soweit war und die Aufführung stattfand, ging es besser als erwartet. Ich ließ mich nicht aus der Ruhe bringen. Den Tag darauf hatte ich Schmerzen im Fuß und mein Orthopäde stellte einen Haarriss am rechten Fuß fest. Das bedeutete den Fuß zu schonen. Ja, ich hatte zu spät erkannt mich abzugrenzen.

In diesem Projekt lernte ich Ibolyka kennen, die heute eine Freundin von mir ist. Immerhin war das ein Gewinn. Es tat gut mit Ibolyka darüber zureden und festzustellen, dass wir oft das gleiche Gefühl hatten was das Projekt betraf. Das alte

Muster, trotzdem noch einen weiteren Kurs zu belegen, funktionierte nicht mehr. In der Vergangenheit bin ich oft irgendwo geblieben, wo ich spürte, dass es nicht gut für mich war. "Da muss man durch," dieser Glaubenssatz war tief in mir verankert. Rechtzeitig die Bremse ziehen und spüren, dass das über meine Grenze geht, war mir damals nicht möglich. Danach belegte ich bis heute einen Hiphop Kurs für Senioren, der Spaß macht, dessen Leiterin unkompliziert und wohlwollend ist.

63

Auch zeigte sich in dieser Zeit was gute Freundschaften wert sind. Ehrliche Freundschaften schützen die Seele in Krisen und Stressphasen. Wir brauchen für unsere seelische und körperliche Gesundheit befreundete Menschen – tiefe Beziehungen außerhalb und/oder innerhalb der Familie, auf die wir uns verlassen können. Ob in jungen Jahren oder im Alter, Freunde sind von unschätzbarem Wert für uns. Denn Freunde sind so viel mehr als einfache Bekannte. Eine Freundschaft geht tiefer, sie basiert auf gegenseitigem Vertrauen, Fürsorge und aufrichtiger Anteilnahme. Freundschaften schließen wir nicht von heute auf morgen, sie entwickeln und festigen sich im Laufe der Zeit. Sie aufzubauen und zu pflegen erfordert also Zeit, doch die Investition lohnt sich. Denn Freundschaften geben uns Halt im Leben und sie sind gut für unsere Gesundheit. Freundschaft ist für mich Erinnerungen schaffen, die Zukunft zu planen und jede Menge Spaß. Das Wichtigste in einer Freundschaft ist für mich auch Ehrlichkeit. Außerdem zeigen mir meine Freund/innen, wie ich auch eine gute Freundin für sie sein kann. Eine Freundschaft ist gegenseitiges Lernen.

Meine Freundin Jutta hat immer ein offenes Ohr für mich. Zu ihr habe ich großes Vertrauen. Ich kann ihr anvertrauen was mich beschäftigt und ich spüre, dass sie mich versteht und ganz empathisch bei mir ist. Das hat mich vor allem am Anfang meiner Schmerzen getragen. Unsere gemeinsamen Aktivitäten und die Gespräche sind immer sehr intensiv und eine Bereicherung für mich. Auch die Reisen nach Südtirol und Wien mit unseren Männern waren erfüllt von vielen Eindrücken und Gesprächen. Ja, bei Jutta kann ich so sein wie ich bin. Was für ein Geschenk.

Meine Freundin Sigi, mit der ich oft zum Nordic Walking in den Englischen Garten gehe, ist ein einfühlsamer Mensch, der die Dinge in die Hand nimmt. Wir kennen uns, wie schon erwähnt, sehr lange und unser gegenseitiges Vertrauen ist gewachsen. Nordic Walking eignet sich sehr gut zum Reden über die Welt oder über Probleme. Gehen regt den Geist an und macht nicht nur fit, sondern auch schlau. Nach jedem Treffen gehe ich gestärkt nachhause.

Meine Freundin Susanne, die ich auch sehr lange kenne und mit der ich schöne Reisen gemacht habe nach Malta, London, Paris, Berlin und Antalya. Die Reisen mit Susanne waren immer sehr unkompliziert, wir waren beide neugierig andere Städte zu erforschen und lange davon zu zehren. Im Selbstversuch probierten wir an einem Abend unbedarft eine Rückführung in frühere Leben. Ich legte Susanne Kristalle auf die Chakren und fragte sie wo sie sich befindet und was sie fühlt. Unerwartet füllte sich der ganze Raum mit imaginären Menschenseelen die uns führten. Ein unglaubliches Erlebnis ohne Angst und Bewertung. Es fühlte sich ganz geborgen und selbstverständlich an. Es hat sich so eingespielt, dass wir uns bis, Corona in unser Leben kam, einmal die Woche trafen. Inzwischen ist sie stolze Oma geworden und mit ihren Enkeln beschäftigt.

Es gibt auch viele Freundinnen, die ich nur noch sporadisch sehe, die mich aber auf meinem Weg begleitet haben. Besonders bin ich noch mit meiner Kindheitsfreundin Waltraud innerlich verbunden.

Sehr wichtig ist mir meine Familie. Peter, der ja jeden Tag meine Schmerzen und meine psychische Verfassung ertragen muss, war und ist immer für mich da. Oft hatte ich das Gefühl, dass er sich bemühte eine Lösung zu finden. Ein offenes Ohr war und ist Hilfe genug. Was mir gut tut, ist über meine Therapiestunden mit ihm zu reden. Das hilft mir mich und die Stunde besser einzuordnen. Auch bei den alltäglichen Dingen die gemacht werden müssen, war er mir am Anfang meiner Schmerzstörung sehr behilflich, bis dann das Bedürfnis bei mir aufkam, das Zepter wieder in die Hand zu nehmen. Erfahren habe ich, dass ich Hilfe, wenn nötig, annehmen kann. Die Reisen die wir in dieser Zeit unternahmen, Berlin, Südtirol, Andalusien, waren für mich meist schmerzfrei und erholsam für die Psyche.

Zu meiner Tochter Laura habe ich ein sehr inniges und herzliches Verhältnis. Sie ist ein sehr empathischer, kluger und intelligenter Mensch mit einem großen Herzen. In meiner schwierigen Zeit telefonierte sie mit mir, schrieb Whatsapps, wie schon erwähnt besuchte ich sie in Paris, was immer sehr fruchtbar war und ist. Auch ohne Kommunikation, tief in meinem inneren spürte ich, dass sie an mich dachte in dieser schwierigen Zeit, was bis heute so geblieben ist. Sie ist das größtes Geschenk in meinem Leben und dafür bin ich sehr dankbar. Ostern 2018 machten wir eine gemeinsame Reise zur Insel Amrum mit Zwischenstopp in Hamburg. Laura kam mit dem Flugzeug aus Paris und ich aus München. Wir schauten uns gemeinsam Hamburg im Regen an und fuhren den darauffolgenden Tag mit dem Zug nach Dagebüll. Von Niebüll ging die Fähre nach Föhr und Amrum, was sehr abenteuerlich war. In Amrum angekommen nahmen wir den Bus nach Norddorf. Dort erwartete uns eine schöne, geschmackvolle Wohnung mit einem kleinen Ausschnitt zum Meer. Das Meer, die Dünen, die Möwen und das Licht waren umwerfend. Wir waren beide begeistert von der Ruhe auf dieser Insel. Es gab dort viel zu erkunden und wir machten uns täglich auf den Weg etwas von der Insel zu erfahren. Ich war so erfüllt von dieser Reise mit Laura, dass ich noch heute oft daran denke wie beeindruckend, harmonisch dieser Urlaub war.

Als Schülerin schrieb ich einen Aufsatz über eine Reise nach Sylt. Ohne dass ich dort war beschrieb ich das Meer, die Möwen, den Strand und die schönen Häuser. Jahre später fuhr ich mit meinen Eltern nach Sylt und es sah dort genau so aus wie in meinen Aufsatz beschrieben. Ich war schon damals begeistert vom Norden. In guter Erinnerung ist mir die Fahrt mit dem Auto über den Hindenburgdamm. In dieser Woche mit Laura war ich schmerzfrei. Nach meiner Rückkehr nach München begann schon sehr früh der heiße Sommer.

Der Kontakt zu meiner Schwester Barbara, die 12 Jahre jünger ist als ich, ist eher an der Oberfläche und reduziert. Was vielleicht daran liegt, dass das gegenseitige Vertrauen über unsere gemeinsame Kindheit zu reden nicht da ist, etwas das durch den Altersunterschied noch erschwert wird. Sie hatte eine andere Kindheit als ich. Das will ich ihr auch nicht nehmen, ihr keine Vorwürfe machen, wir waren beide Kinder und angewiesen auf unsere Umgebung. Nachdem ich sehr wenig von ihr weiß, möchte ich nicht beurteilen an was es liegt, dass kann nur sie beantworten. Es gibt auch schöne Dinge die wir gemeinsam erlebt haben, beides ist wichtig um ein Vertrauen aufzubauen. Auch mit ihr machte ich eine Reise, ins Allgäu, was sehr interessant war. So langsam nähern wir uns und das tut mir gut.

64

Von meiner Therapeutin erhielt ich viel Wertschätzung, was mich immer wieder aufbaute. Ja, Wertschätzung bezeichnet die positive Bewertung eines anderen Menschen. Wertschätzung ist verbunden mit Respekt, Wohlwollen und drückt sich aus in Zugewandtheit, Interesse, Aufmerksamkeit und Freundlichkeit. Viele Personen haben Schwierigkeiten andere Menschen wertzuschätzen oder ihre Wertschätzung zu zeigen. Erfahren habe ich, dass das daran liegt, wie ich mich selbst anerkenne und schätzte. Was in meinem Leben sehr schwer war.

Heute weiß ich wie gut es für mich ist, mein Gegenüber wertzuschätzen und zu erfahren, dass es Herzen öffnet. Anfangs ging ich jede Woche zur Therapie, später 14tägig und zum Schluss sporadisch. Mit den Schmerzen lernte ich besser umzugehen. Die Kapsel in mir war verschwunden und das Gefühl, ich bin mit allem alleine, war weg. In der ersten Zeit hatte ich Ängste, dass mich jeder mit meiner Krankheit im Stich lässt, was ein altes Kindheitsmuster war. Auch diese Angst hat sich aufgelöst. Ich bin lebendiger geworden und meine Ressourcen wurden gestärkt.

Ressourcen sind Kraftquellen – wie die französische Wurzel des Wortes nahe legt, denn „Source" bedeutet „Quelle". Es sind Quellen, aus denen man all das schöpfen kann, was man zur Gestaltung eines zufriedenstellenden, guten Lebens braucht. Was nötig ist, um Probleme zu lösen oder mit Schwierigkeiten zurecht zu kommen. Das können sehr verschiedenartige Bedingungen sein, denn jeder Mensch ist anders, und jede Situation, jede Herausforderung und Lebensphase braucht andere Ressourcen. Natürlich können Freunde, Partner, die Eltern oder wichtige Menschen in der sozialen Umgebung solche Ressourcen sein, aber auch persönliche Eigenschaften wie Fähigkeiten, Fertigkeiten, Kraftquellen, Stärken. Alles was gut tut, was hilft, stärkt, Mut macht, berührt und anregt. Ressourcen sind für mich sehr wichtig, weil mein Trauma das Leben, das Weltbild, das Gefühl von Sicherheit und das Selbstbild so tief erschüttert haben, dass der Zugang zu vielen Ressourcen erst ausgegraben werden musste und muss. Nach und nach wurden mir meine Ressourcen bewusst, was aber nicht ausreichte, denn wichtig ist es sie auch großzügig anzunehmen.

65

Vor einigen Jahren meldete sich bei mir wieder das Bedürfnis nach einem Ehrenamt oder auch bürgerliches Engagement genannt, das mit Menschen zu tun hat und wo ich meine bisherigen Fähigkeiten gut einbringen kann. Ich entschied mich für ein anspruchsvolles, interessantes Ehrenamt, in dem ich mich mit viel Empathie in andere Lebenswelten einfühlen kann. Leider konnte ich infolge von anderen Terminen nicht schon in der Vergangenheit an der Ausbildung zu diesem Ehrenamt teilnehmen. 2017 haben sich dann die Ausbildungstermine verändert und ich bewarb mich für diese Stelle. Ich wurde genommen, musste aber noch ein Jahr warten weil es nur eine begrenzte Anzahl von Ausbildungsplätzen gab. Ein Jahr später im Februar rief man mich an um mit mir einen Termin zum Kennenlernen auszumachen. Es freute mich sehr dass ich erfolgreich war. Im März begann die Ausbildung, ich war neugierig und aufgeregt was mich dort erwartete.

Alle Termine fanden an Wochenenden mit Übernachtung in einem schönen Seminarhaus statt. Allein das Übernachten in der Fremde war für mich schon eine Herausforderung seit meiner Kindheit. Früher konnte ich das nicht einordnen und glaubte, dass ich überempfindlich bin. Heute weiß ich, dass es mit dem Ausgeliefertsein zu tun hat und ich das Handwerkszeug habe mich in einer solchen Situation zu fragen „wie alt bin ich gerade?" das hilft mir dann wieder ins Hier und Jetzt zukommen. Unbedarft, ohne an mein Handwerkszeug zu denken ging ich in diese Ausbildung bis ich feststellte, dass die alten Muster sich wieder zeigten. Ich bekam Angst, dass ich nicht gut genug bin und das alles nicht schaffe. Trotz allem waren es schöne Wochenenden und ich lernte viel. Als dann die Zeit der Hospitation kam und ich 20 Termine bei verschiedenen Anleiter/innen hatte kam ich in Stress. Das Gefühl es steht jemand hinter mir und beobachtet mich, erinnerte mich an meine Zeit während der Hausaufgaben mit meiner Mutter, die mich schlug. Es machte mir Freude zu hospitieren, war aber überschattet von den alten Erinnerungen. In dieser Zeit war der Schmerz wieder da und ich suchte nach dem Warum. Erstaunlicherweise konnte ich nicht oder wollte ich nicht sehen, dass es mit den Hospitationen zu tun hatte. Es ist oft schwer auseinander zu halten, kann oder will ich es nicht sehen. Ich glaube, wenn ich das Gefühl habe, dass ich es nicht kann, ist der Wille verdrängt. Voller Panik machte ich seit langer Zeit einen Termin bei meiner Therapeutin aus. Für sie war es sofort sichtbar, dass es an dem selbstgemachten Stress des Ehrenamts lag. Das beruhigte mich sehr. Vergessen hatte ich im Vorfeld zu akzeptierten, dass ich sehr sensibel auf solche Situationen reagiere. Die Ausbildung habe ich erfolgreich abgeschlossen und bekam ein gutes Feedback. Heute arbeite ich alleine ohne Beobachtung und lerne sehr viel. Froh bin ich, dass ich durchgehalten habe. Natürlich werde ich weiterhin dort gefordert mit Supervision und Fortbildungen wo ich bereit bin mich zu zeigen.

66

Während dieser Zeit an einem Samstag wollte ich einen Meditationskurs in der VHS, Seidlvilla leiten. Ich wartete und wartete und es kam kein einziger Kursteilnehmer/In, was sehr eigenartig war. Nach etwa 30 Minuten schaute ich auf die Teilnehmerliste und stellte fest, dass ich mich im Datum geirrt hatte. Der Kurs fand nicht Samstag sondern Sonntag statt, was mich total verwirrte, denn bisher war es immer der Samstag. Ich spürte eine Leere in mir und ging nach Hause. Machte mich dann auf den Weg zu den Schwabinger Hofmärkten. Was mich nicht wirklich interessierte und ich mich wieder in meiner Nebelwand befand. Ja, eine Flucht vor der Realität, dass mir ein Fehler unterlaufen war. An diesem Tag wusste ich nicht wohin mit mir. Peter fuhr nach Schwerting und ich war mit mir alleine. Am Nachmittag hatte ich das Gefühl ich muss nach draußen und entschied mich noch Mineralwasser zukaufen, was völlig überflüssig war. Mit dem Fahrrad machte ich mich an diesem schönen, warmen Junitag ganz gemütlich auf den Weg. Ich merkte beim nach Hause fahren nicht, wie sich mein Einkaufsbeutel in den Speichen verhängte. Plötzlich blockierte mein Rad und ich fiel frontal über den Lenker mit dem Gesicht auf den Fahrradweg, mit einigen Flaschen im Korb und eine im Einkaufsbeutel. Sofort waren hilfsbereite Menschen zur Stelle, die mir halfen. Eine Frau, die mit ihrem Kind im Schwimmbad war und schnell noch etwas aus dem Auto holte, rief den Notarztwagen. Sie ging wieder zu ihrem Kind und ein junger Mann wartete bis der Krankenwagen kam. Nachdem ich unter Schock war, wollte ich nach Hause gehen. Als der Krankenwagen kam fragten sie mich ob ich schon immer vorne zwei kaputte Zähne habe. Ich konnte nicht antworten, war ganz verwirrt. Die Sanitäter im Krankenwagen meinten, dass es nicht so schlimm ist, bis ich sagte, dass ich das Gefühl habe an meinen Kiefer stimmt etwas nicht. Auch war ich total verblutet. Daraufhin brachten sie mich ins Klinikum Rechts der Isar. Vorher verlangten die Rettungskräfte noch von mir, dass ich mein Fahrrad irgendwo abstellen soll und die Flaschen mitnehmen muss. Ich versuchte meine Freundin Jutta zu erreichen, was mir nicht gelang, mir fiel ihre Nummer nicht mehr ein. Dass ich sie gespeichert hatte war mir entfallen (Schock). Ich wollte mich ja am darauffolgendem Tag mit Jutta treffen. - Dann rief ich Peter an, der unterwegs nach Österreich war und sich sofort auf den Weg nach München machte. In der Notfallambulanz im Klinikum musste ich neun Stunden warten. Die Mineralwasserflaschen entsorgte ich in der Notfallambulanz. Inzwischen war Peter in München und suchte mich im Schwabinger Krankenhaus. Bis er mich anrief und ich ihm sagte, dass ich im Rechts der Isar bin. Ich war froh ihn zusehen, und dass ich Unterstützung hatte. Gegen 22.00 Uhr wurde ich endlich untersucht. Anschließend wurde eine CT gemacht. Dann wartete ich noch fast zwei Stunden in der Ambulanz zwischen einigen Notfällen auf das Ergebnis. Im CT wurde auf der rechten Seite ein Kieferbruch festgestellt. Mit diesem Ergebnis, inzwischen Mitternacht, wurde ich in die Kiefer und Mundchirurgie geschickt. Eine Weltreise in dieser Klinik. Peter führte und begleite mich. Dort angekommen trafen wir auf einen netten Arzt, der mich untersuchte und alles vorbereitete für die Operation am nächsten Tag. Ein EKG wurde noch in der Nacht gemacht. Um ca. 1.00 Uhr lag ich dann völlig erschöpft im Bett. Seit dem Morgen hatte ich nichts mehr gegessen. Eine empathische Krankenschwester brachte mir hochkalorische Trinknahrung, was gut war, denn ich durfte ja 12 Stunden vor der Operation nichts mehr essen. Am frühen Morgen kam dann nochmals der Arzt vom Nachtdienst und teilte mir mit, dass das Jochbein auf der linken Seite nach unten gerutscht ist. Irgendwann am Vormittag kam der Professor mit einer Zahnärztin. Er erklärte mir alles genau und wollte mit meinem Einverständnis keine Operation durchführen sondern die Behandlung mit örtlicher Betäubung machen. Ich war noch unter Schock und damit einverstanden. Die Behandlung fand auf einem gewöhnlichen Zahnarztstuhl statt. Ich bekam viele Betäubungsspritzen. Der Professor machte einen kleinen Schnitt in die linke Wange und ging dann mit einem Haken zum Jochbein um es nach oben zuschieben. Beim dritten Versuch war er erfolgreich und es war in der richtigen Position. Die Zahnärztin hielt mir die Hand. Anschließend kamen Schrauben in den Mund um die Gummis zu befestigen, die den Kiefer ruhig stellten und in

Position hielten. Am Ende half auch keine Spritze mehr. Beim Anziehen der Schrauben hatte ich fürchterliche Schmerzen. In meinem Krankenzimmer angekommen wartete Peter schon auf mich. Ich hatte Schmerzen und war total erschöpft. Trotz allem machte ich für Peter eine Liste mit Adressen und Telefonnummern wo er Termine für mich absagen sollte, was ganz gut klappte. Danach konnte ich einige Wochen nur flüssige Nahrung zu mir nehmen.

Aus der Klinik wurde ich am zweiten Tag entlassen. Laura rief mich in der Klinik an, wollte unbedingt am Wochenende nach München kommen um mich zu besuchen. Zu erst lehnte ich ab, wollte ihr den Stress nicht zumuten, dann freute ich mich aber sehr auf ihren Besuch. Es hat sehr zur meiner Genesung beigetragen, dass Laura da war. Auch überredete sie mich dazu, trotz meines dicken Verbandes im Gesicht, spazieren zugehen. Ich hatte sogar den Mut in ein Kaffee einzukehren und mit Laura zu ratschen. In dieser Zeit war ich ganz entspannt und zuversichtlich. Die Schmerzen im Gesicht waren wie weggeblasen und ich fühlte mich seit vier Jahren wieder schmerzfrei. Ich hatte keine Termine außer dem wöchentlichen in der Klinik. Jutta war sehr präsent in dieser Zeit für mich. Inzwischen war der heiße Sommer da und ich traute mich wieder langsam Sport zumachen. Später wurden meine Zähne repariert und mein Kiefer wieder stabilisiert. Laura kam auch im Sommer wieder zu Besuch. Meine Ausbildung für mein Ehrenamt konnte ich auch fortsetzten, denn ich hatte nur einmal gefehlt. Ein halbes Jahr später, nach Heilung des Kieferbruchs, waren die Gesichtsschmerzen wieder sporadisch da und auch die begleitenden Ängste. Ich war ja wieder im Leben und gefordert.

67

Ja, wie schon im vorherigen Kapitel erwähnt, war ich in meinem Ehrenamt bereit mich der Herausforderung zustellen und mich zu zeigen. Inzwischen habe ich erfahren, dass es mir immer noch verdammt schwerfällt mich zu zeigen, da will ich ehrlich sein. Die mir vertraute Angst, nicht zu genügen und entlarvt zu werden, dass ich dumm bin, ist wieder präsent. Die Angst hat wieder wie ein ungebetener Gast bei mir angeklopft. Ich kämpfe gegen sie an, will sie nicht hereinlassen. Wenn ich gegen die Angst ankämpfe halte ich sie fest und sie wird immer mächtiger. Die Angst wird solange an die Tür klopfen, bis ich sie herein bitte, sie annehme und akzeptiere. Die Angst wächst mit der Vermeidung von Angst machenden Situationen. Wenn ich keine positiven Erfahrungen mehr mache, wird die Schwelle immer höher, mich auf neue Situationen einzulassen. Wenn ich die Angst nicht sehe, sie nur bekämpfe, kann sie weiter wachsen und die Kontrolle übernehmen, was ich tun kann und was nicht. Dann trifft die Angst die Entscheidung. Lernen mit der Angst zu leben, heißt dass ich mich den angstbesetzten Situationen stelle, wachsam bleibe. Durch gute Erfahrungen wieder Sicherheit, Selbstvertrauen und damit die Kontrolle zurückgewinne. Auch verstehe was meine Angst mir sagen will. Wann ist sie da? Wo zwingt sie mich anders mit Herausforderungen im Alltag, Beruf, Beziehungen, sozialen Kontakten und Konflikten umzugehen? Wenn die Angst mich wieder im Griff hat, weiterleben ohne mir Vorwürfe zumachen. Nächstes Mal wird es besser klappen, ich bin in keinem Wettkampf. Mich nicht bewerten. Den Satz den ich immer wieder meinen Kursteilnehmern für die Meditation mit auf den Weg gebe „Liebevoll und wohlwollend mit sich sein, dass ist das wichtigste". Klingt wunderbar und ich bin neugierig wie es in der Praxis mit mir weitergeht. Ja, die Neugierde treibt mich immer wieder an.

Während des Schreibens habe ich mich unbemerkt meiner Angst genähert. Auch wenn ich sie schon lange kenne, sie immer wieder an die Tür klopft, möchte ich sie oft nicht an mich ran lassen. Plötzlich sah ich sie vor mir stehen. Weiblich, groß, kräftig, laut und kurze graue Haare. Ein Typ Frau dem ich normalerweise aus dem Weg gehe. Ich nenne sie Karin, was gut zu ihr passt. Karin steht vor mir und ich weiß nichts mit ihr anzufangen. Bisher kenne ich nur die Konfrontation mit der Angst und den Anspruch sie nicht zuzulassen, was sehr anstrengend ist. Wie schon öfters erwähnt, wenn ein unangenehmer Termin oder eine Situation in der ich mich zeigen muss ansteht, mache ich mir im Vorfeld tagelang Sorgen. Ich glaube dann mehr meinen Fantasien als meinen Gefühlen. Dadurch entsteht ein Worst-Case-Szenario, was alles noch schlimmer macht. Bis der Termin stattfindet, nichts passiert und ich froh bin, dass es vorbei ist. Danach ist wieder alles gut und ich vergesse die Angst, bis sie sich wieder meldet und ich versuche sie zu verdrängen. Sie zu akzeptieren und eventuell mich mit ihr anzufreunden, konnte ich bisher nur halbherzig. Lange habe ich darüber nicht gesprochen, weil ich Sorge hatte, stigmatisiert zu werden. Es ist ein Unterschied zu sagen „ich habe Angst oder ich bin Angst". Ich bin doch viel mehr: Mutter, Ehefrau, Freundin, Kollegin, Psychotherapeutin HPG, Atem-Entspannungstherapeutin, Seelsorgerin, Heilpraktikerin, und die Vera mit allen ihren Facetten, die manchmal Angst hat. Ich bin neugierig, was die Karin mir mitteilen möchte. Ich werde gut zuhören und mich ihr eventuell langsam nähern.

68

Ein erfolgloser Fischer und seine Frau leben unter
erbärmlichen Bedingungen. Eines Tages hat der
Fischer einen Fisch an der Angel, der sprechen
kann. Der Fischer lässt ihn wieder frei und geht
nach Hause. Die Frau meint, in diesem Fall hätte
er sich doch ein anständiges Haus wünschen
können. Sie schickt den Mann noch einmal ans
Wasser, er ruft den Fisch und wünscht sich ein
Haus. Wie er zurückkommt, ist der Wunsch erfüllt.
Die Frau gibt sich nicht damit zufrieden, wünscht
sich ein immer größeres Gebäude und immer
größere Macht. Schließlich ist sie Papst und gibt
sich immer noch nicht zufrieden. Als sie den
Wunsch äußert, wie Gott zu werden, finden sich
beide am Ende wieder da, wo alles angefangen
hat.
Dieses Märchen von den Gebrüdern Grimm „Vom
Fischer und seiner Frau" hatte für mich als Kind
eine große Faszination und war mein Favorit.
Noch heute sehe ich das Märchenbuch vor
meinem Auge wie der Fischer am Meer steht und
seine Frau auf der Bank vor der Hütte sitzt. Es
wirkt alles sehr friedlich bis zu dem Punkt wo die
Frau Gott sein möchte. Das konnte ich als Kind
nicht einordnen. Beim Vorlesen von diesem
Märchen hörte ich öfters den Satz „so wie die
Frau, so bist du, du willst immer mehr haben".

War es so...und wie ist es heute? Damals verstand ich diese Aussage nicht, ich war immer ein sehr genügsames Kind, dem es schwerfiel seine Wünsche zu äußern. Die Wünsche waren da, tief in mir ohne Worte. Ja, es stimmt, dass mir oft in der Tiefe die Zufriedenheit fehlte und ich mehr mochte nur um noch mehr Zufriedenheit zu erlangen. Zufriedenheit ist ein Bestandteil der Gelassenheit. Wenn ich nicht zufrieden bin, kann ich nicht gelassen sein. Wenn ich andere immer besser und klüger finde als mich, bin ich mit mir nicht zufrieden und werde hungrig bleiben. Ein Sprichwort sagt: „Alles, was der Mensch erdenken kann, das kann er auch erschaffen." Dabei denkt das gierige Ego: „Ich will es gewinnen und besitzen!" Und die reine Vernunft weiß: „Ich hab es schon, auch wenn es noch nicht da ist." Dieser Unterschied ist wohl das große Geheimnis der Zufriedenheit.

Zur Zufriedenheit gehört auch das Vertrauen zu Menschen. Wer Vertrauen hat braucht keine Kontrolle. Wer Kontrolle braucht, hat kein Vertrauen. Es geht bei mir in erster Linie um mein Selbstvertrauen, dass durch meine Lebensgeschichte verkümmert ist. Auch wenn ich anderen vertraue kann es sein, dass meine Angst sich meldet und mir zuflüstert, „du doch nicht, das können andere besser".

Großen Respekt habe ich vor den vielen

Menschen die mir in meiner Arbeit die letzten Jahrzehnte begegnet sind. Körperlich kranke Menschen, Menschen mit Ängsten, Stress, Anspannungen und Alltagsproblemen. Diese Vielfalt hat mir einen reichen Erfahrungsschatz beschert. Viele dieser Frauen und Männer habe ich in ihren Problemen und Leiden begleiten dürfen und erfahren, dass das Leben trotz allem immer weitergeht. Wie die Psychologin Dr. Eva Eger, eine Holocaust-Überlebende, in ihrem Buch „Ich bin hier und alles ist jetzt" schreibt: „Wir können uns kein Leben ohne Leid aussuchen. Aber wir können uns aussuchen, dass wir frei sein wollen, dass wir die Vergangenheit hinter uns lassen, egal, was uns zustößt und dass wir das Mögliche wagen." Ja, diese Menschen sowie auch ich haben ihr möglichstes getan, damit es ihnen wieder besser geht. Oft ein langer Weg mit vielen Stolpersteinen. Wertschätzung und viel Lob habe ich für meine Arbeit von diesen Frauen und Männern erhalten. Was mich im Augenblick sehr gefreut hat, es aber nicht lange anhielt. Ich konnte mir im Nachhinein nicht vorstellen, dass ich etwas bewirken kann und meine Arbeit gut mache. Eine Ungerechtigkeit, die ich ja nicht möchte gegenüber den Lobenden. Danach meldet sich wieder die Unzufriedenheit und das Leben wird wieder anstrengend. Die gute Nachricht, es wird immer besser.

69

Jede Erfahrung, die wir im Leben machen, wird als Bild in uns gespeichert. Durch Malen findet das innere Bild seinen Ausdruck. Ich werde versuchen von der gegenwärtigen Vera ein imaginäres Bild zu malen.

Die Vera von heute hat die kleine Vera an der Hand. Beide blicken sehr in sich gekehrt in die Welt. Ja, die Verbindung besteht noch nicht solange und es braucht viel Vertrauen und Empathie sich zu nähern. Die Kraft und die Präsenz von der großen Vera ist spürbar. Die kleine Vera hat immer noch Schwierigkeiten das zu glauben und versucht alles um wieder den alten Status (dumm, nicht zu genügen usw.) aufrecht zu erhalten. Für beide ist dieses Festhalten ein Kraftaufwand. Die große Vera darf nicht in die Welt strahlen, hat ein schlechtes Gewissen gegenüber der kleinen Vera. Der Hintergrund auf der Leinwand ist weiß, die große Vera pink und die kleine Vera königsblau. Am hellblauen Himmel sind Sterne zusehen. Was kann ich in diesem Bild verändern? Die kleine Vera wird so groß wie die große Vera und wird von der Farbe blau zur Farbe Pink. Sie verschmelzen zusammen, nehmen die ganze Leinwand ein und sind eins.

Was für ein starkes Bild. Es erinnert mich an einen Tanz, der leicht, zugewandt und mit Freude erfüllt ist.

Ja, ich halte oft noch unbewusst am Alten fest.
Kann nicht glauben, dass mein Leben sich stark
verändert hat. Das ist mir vertraut und gibt mir
Sicherheit. Was meine Eltern und Erzieher über
mich gesagt haben, ist so tief in mir verankert,
dass ich es manchmal gefühlsmäßig noch glaube.
Die Wahrheit ist, es stimmt nicht was sie über
mich sagten. Es wird eine Lebensaufgabe bleiben.

70

Ich sehe und höre mich als kleines Mädchen mit
blonden Locken und einem roten Rock, hüpfend
im Hof. Wer kennt sie nicht in meinen Alter, die
Hüpfspiele?
Da wurde eine einfache Hofeinfahrt oder eine öde
Teerfläche zum Abenteuerspielplatz.
Wir brauchten dazu nur ein paar Stücke
Straßenkreide und noch ein paar Steinchen.
Schon konnte das muntere Hüpfen über die
Hüpfkästen losgehen. Dieses kleine Mädchen ist
fröhlich, lebendig und konzentriert im Spiel.
Ja, das war ich auch. Im Spiel hatte ich Sicherheit.
Schwierig wurde es nur, mich gegenüber
fordernden, frechen Kindern durchzusetzen. Auch
konnte ich mich sehr gut mit mir alleine
beschäftigen. Im Spiel nahm ich verschiedene
Rollen an, was mir bestimmt half einiges
aufzuarbeiten. Mir ist noch sehr gut meine erste

Puppe, die ich Rita nannte, in Erinnerung, die ich überallhin mitnahm und sie sehr beschützte. Das Gefühl mir fehlt etwas, kam erst wie schon erwähnt mit Eintritt in die Schule auf. Bei Erwachsenen war ich als Kind beliebt. Überall wo ich mit meinen Vater oder meiner Mutter hin ging, bekam ich etwas geschenkt, bevorzugt Schokolade. Was damals etwas besonderes war. Ich konnte mich über jede Kleinigkeit freuen und bewahrte diese Geschenke lange auf. In diesem Fall war das kontraproduktiv, die Schokolade wurde schlecht und ungenießbar, was mich aber nicht störte.

Wenn ich heute Menschen auf der Straße, in der U-Bahn, im Café usw. begegne, lächeln sie mich oft an und ich lächle von Herzen zurück. In dem Moment spüre ich ohne Worte eine tiefe Verbundenheit. Auch bekomme ich heute noch öfters etwas geschenkt. Das können materielle Dinge sein, was die Wertschätzung ausdrücken möchte oder Worte die aus dem Herzen kommen. Mir macht es umgekehrt Freude andere zu beschenken und ihnen Gutes zu tun ohne Erwartungshaltung. Es tut mir gut, dass anzunehmen und wertzuschätzen.

71

Wie schon erwähnt, bin ich neugierig auf das Leben, interessiere mich für Kunst und Kultur.

Lesen, schreiben und malen, Sport und Meditation begleiten meinen Alltag. Das alles hilft mir mich zu konzentrieren und ganz bei mir zu sein.

Lesen bedeutet für mich in eine andere unbekannte Welt einzutauchen. Mir Inspiration zu nehmen, zu reflektieren und so meinen Horizont zu erweitern. Lesen verringert Stress. Wer regelmäßig liest, stimuliert die eigenen Gehirnzellen, trainiert seine kognitiven Fähigkeiten und verbessert Vokabular und Konzentrationsfähigkeit. Auch die emotionale Intelligenz wird verbessert.

Ich kann es nicht genug erwähnen, dass Malen mir große Freunde macht. Ich habe keine Vorstellung, fange an und lasse mich auf den Prozess des Malens ein der mir den Weg vorgibt. Ich bin gefordert ihn anzunehmen, was viel Vertrauen und Geduld voraussetzt. Malen hilft mir, meine Gefühle, Emotionen und Gedanken auszudrücken. Wozu auch manchmal einfach die Worte fehlen, können Farben und Formen das für mich sichtbar machen.

Schreiben ist für mich ein kreativer Prozess der die Konzentration fördert. Der schriftliche Ausdruck kann eine Form der Verarbeitung und der Ordnung der Gedanken sein. Schreiben hilft, Schreiben heilt wenn ich nicht versuche den Text zu kontrollieren, logisch zu sein. Sondern ja sage zudem, was ich bin und was mich umgibt. Die Fähigkeit mit einfachen Worten auszudrücken was ich empfinde. Bei einer Schreibblockade stelle ich immer wieder fest, dass ich in das alte Muster falle, „ich kann das nicht". Inzwischen spornt mich dieses Muster an dranzubleiben. Was ich liebe beim Schreiben ist das Recherchieren, nach Informationen zu suchen, Nachforschungen zu betreiben, etwas herauszufinden oder aufzudecken.

Sport, Tanz kommt nicht nur dem Körper zugute. Die Psyche profitiert ebenso von regelmäßiger Bewegung. Sport nährt meine Seele, erhöht die Produktion von Neurotransmittern wie Serotonin und Dopamin. Diese sind für ihre stimmungsaufhellende und ermüdungshemmende Wirkung bekannt, wirken also positiv auf unsere Psyche. Regelmäßig Sport zu machen ist für mich zur Selbstverständlichkeit geworden, was nicht nur unterstützend für meine Knochen ist, sondern meine Seele tanzen lässt. Ich habe das Glück, dass es in München den Freizeitsport seit über 20 Jahren gibt. Im Winter in der Halle und vom Mai bis September in einigen Parks. Ganz bei mir in der Nähe befindet sich der Luitpoldpark, wo im Sommer jeden Abend, sieben Tage die Woche, ein kostenloses Sportprogramm angeboten wird. Wo eine wunderschöne Atmosphäre unter den alten Bäume und dem

Himmel den Sport begleitet. Zur gleichen Zeit ist es auch ein Marktplatz, wo man sich trifft und Kommunikation stattfindet.

Täglich zu meditieren ist für mich inzwischen wie Zähne putzen. Ich setzte mich mit einer aufrechten wachen Haltung auf mein Kissen, versuche mich auf meinen Atem zu konzentrieren, der immer im Hier und Jetzt ist und jeder Zeit verfügbar. Wichtig ist den Atem nicht zu forcieren, sondern ihn so sein zu lassen wie er im Moment ist. Der Atem verträgt keinen Leistungsdruck. Die Gedanken und Gefühle versuche ich mit Abstand wahrzunehmen, sie weiterziehen zu lassen damit sie mich nicht vereinnahmen. Was sich in der Meditation zeigt, probiere ich anzunehmen und zu akzeptieren. Was nicht immer einfach ist. Auch hier bin ich gefordert mein So-Sein, liebevoll, wohlwollend und radikal anzunehmen.

Diese oben aufgeführten alltägliche Dinge, die mich begleiten, ähneln sich beim genauen Hinschauen sehr. Es geht um Kreativität, Konzentration, mich einzulassen, dranzubleiben. Einiges was bisher in der Vergangenheit von der Angst überschattet war, macht mir inzwischen Freude und Spaß. Das zeigt, dass der Weg meist dort ist, wo die Angst ist. Das Wissen und die Fertigkeiten, die ich für diese Dinge brauche, habe ich mir unbemerkt und selbstständig im Verborgenen angeeignet.

Auch liebe ich Humor durch Worte. Wortwitz richtig eingesetzt bringt fast jeden zum Lachen. Beliebte Varianten beim Wortwitz sind beispielsweise lustige Zweideutigkeiten, deren wahrer Sinn sich nicht sofort erschließt oder Ähnlichkeiten verschiedener Begriffe, die humoristisch verbunden werden. Dazu brauche ich ein Gegenüber, dass mir die Bälle zuwirft und ich zurückwerfe. Wie ein Ping-Pong-Ball. Lange war mein Humor verschüttet. Inzwischen zeigt er sich in voller Breite. Humor ist immer auch mit einem Perspektivenwechsel verbunden. Lachen ist heilsam und stärkt die Seele.

Kunst ist für mich inspirierend, motivierend und fördert meine Kreativität. Das Wort Kunst bezeichnet im weitesten Sinne jede entwickelte Tätigkeit, die auf Wissen, Übung, Wahrnehmung, Vorstellung und Intuition gegründet ist. Sowohl Bildende Kunst: Malerei, Bildhauerei, Musik. Sowie Literatur: Lyrik, Dramatik und auch Darstellende Kunst: Theater, Tanz, Film begeistern mich.

Wenn ich rückblickend etwas ändern könnte, dann ist es dass ich mir wünschen würde früher erkannt zu haben, dass auch ich Talente habe. Ich wünschte, ich hätte jemanden gehabt, der mich dabei unterstützte. Aber es gab niemanden. Ich hatte keine Vorstellung davon, wie ich hätte werden können, was ich hätte sein können, weil es das damals in meinem Leben nicht gab.

72

Vor zwei Jahren, am 11. März, rief die Weltgesundheitsorganisation WHO die Corona-Pandemie oder auch Covid-19-Pandemie genannt, aus. Anfangs wurden Schulen und Kitas geschlossen und Großveranstaltungen abgesagt. Etwas später beschloss die Deutsche Bundesregierung einen Lock-down mit strengen Ausgangs- und Kontaktbeschränkungen, besonders streng war er bei uns in Bayern. Alle öffentlichen Einrichtungen sowie fast alle Geschäfte wurden geschlossen, ebenso die Gastronomie, Kultureinrichtungen und Sportstätten. Wir Menschen waren angehalten nur noch zum Einkaufen und für Arztbesuche das Haus zu verlassen. Viele waren gezwungen im Home-office zu arbeiten. Plötzlich war das öffentliche Leben von einem Tag zum anderen still gelegt. So einen Vorgang hat es noch nie in der Deutschen Geschichte gegeben und niemand von uns hat das jemals erlebt. Am Anfang dachten viele so wie auch ich, dass nach wenigen Wochen alles vorbei sei. Das stellte sich schnell als Illusion heraus. Die Kontaktbeschränkungen wurden immer wieder verlängert und mit der Zeit wurde jedem bewusst, dass noch eine sehr lange Zeit mit verschiedenen Einschränkungen zu rechnen sein wird. Seitdem leben wir mit Maskenpflicht, Hygieneregeln und Abstandsgebot „Social Distancing". Das Corona-Virus stellt nicht nur die Gesellschaft vor die größte Herausforderung seit Jahrzehnten, es verändert auch das Leben jedes Einzelnen. Wir erleben die schärfsten sozialen Einschränkungsmaßnahmen in unserem Leben. Das bringt psychische und soziale Belastungen bei großen Teilen der Bevölkerung mit sich. Für viele Menschen bedeutet es eine Zunahme von Sorgen, Unsicherheit und Angst. Krise ist immer ein individuelles Geschehen.

Wie ich erfahren habe, empfanden manche Menschen, so wie auch ich, die Coronakrise als Entschleunigung und Gewinn und damit zu keinem belastenden Ereignis. Außer, dass viele Menschen starben und sterben bzw. mit den Langzeitfolgen zu kämpfen haben. Plötzlich stand auch mein Leben still. Alle meine Kurse wurden abgesagt. Sport in der Halle war nicht mehr möglich. Leider konnte ich in den Osterferien, wie geplant, nicht zu Laura nach Paris fahren. Die Grenzen waren geschlossen. Der Kontakt zu Freunden ging übers Telefon, Whatsapp und Zoom. Ich nahm es gelassen hin, machte Nordic Walking im Park mit meiner Freundin Jutta. Nach dem Walken gönnten wir uns einen Coffe to go, um auf einer sonnigen Bank im Luitpoldpark tiefe, fruchtbare Gespräche zu führen. Regelmäßig machte ich Dienste in meinem Ehrenamt, was mich sehr bereicherte. Supervision und Fortbildungen fanden über Zoom statt, das mich anfangs stresste. Mit Peter machte ich einige schöne Fahrradtouren. Mir ging nichts ab, ich fühlte mich körperlich wohl und entspannt. Wenn von außen etwas kommt, das ich nicht beeinflussen kann, ich es als sinnvoll wahrnehme, fällt es mir leicht mich mit der Situation anzufreunden. Im Mai kamen die ersten Lockerungen, was schön war, mich aber etwas traurig machte. Die Ruhe, keinen Druck zu haben etwas zu machen, hat mir sehr gutgetan. Ich konnte mir nicht vorstellen, wieder weiterzumachen wie vor der Krise. Nach Pfingsten gingen dann meine Kurse weiter, die während dem Lock-down ruhten. Ich hatte nicht mehr damit gerechnet und mich auf einen ruhigen Sommer gefreut. Mit einem lachenden und einem weinenden Auge nahm ich die Herausforderung an. Die Teilnehmer waren sehr dankbar, was mich motivierte, mich freute. Ob es überhaupt ein zurück in die Vor - Corona - Zeit gibt und wie es weitergeht, ist weiterhin fraglich.

73

Ich bin heute in einem Leben gelandet, wie ich es mir als junge Frau noch nicht einmal vorstellen konnte. Dafür habe ich gekämpft und hart gearbeitet. Wie habe ich das alles geschafft. Ich bin drangeblieben trotz meiner Angst zu versagen. Wenn ich auf mein Leben zurückblicke, bin ich immer wieder zur rechten Zeit aufgewacht. Manchmal früher manchmal später. Auch wenn es oft zum verzweifeln war und die Aussicht auf das, was ich suchte verschwand. Nie gab ich auf und hatte tief in mir das Gefühl, es gibt noch etwas für mich, dass mich interessiert und ausfüllt. Vieles was mich früher blockiert hat, von dem ich annahm, dass es unerreichbar ist, macht mir heute Freude. Auch wenn ich immer noch mit einigen Widrigkeiten zu tun habe, hat sich vieles zum Guten verändert. Wie kann ich jemals herausfinden, welche Geschenke hinter meinen Herausforderungen warten, wenn ich diese Herausforderungen erst gar nicht annehme. Alles, die ganze Welt hängt davon ab, wie ich sie sehe, wie ich sie bewerte. Ja, ich habe bewiesen, dass ich die Fähigkeit habe Krisen zu bewältigen. In der Fachsprache nennt man das Resilienz. Umgangssprachlich sagt man auch, dass resiliente Menschen schnell wieder auf die Beine kommen und sich schnell erholen. Einfach ausgedrückt ist mit Resilienz gemeint, dass man besser zurecht kommt, als zu erwarten wäre, dass man seine Sache gut gemacht hat, während so vieles schlecht gewesen ist. Das trifft genau auf mich zu.

Die Bereitschaft mich mit schwierigen Dingen auseinanderzusetzen gehört für mich zum Leben dazu. Ich habe ein Leben wie jeder andere und jeder andere hat genau so Probleme irgendwelcher Art. Man muss nicht nur Traumata erfahren, schlimme Krisen erleben, es ist das Leben, das uns schwierige Aufgaben stellt. Ich bin nicht das was ich erlebt habe. Ich bin das was ich daraus mache. Heute habe ich Handlungsmöglichkeiten und bin nicht meinem Inneren ausgeliefert. Im Laufe des Lebens ist es inzwischen ein Muss für mich hinzuschauen, welche Verhaltensweisen helfen mir und welche behindern mich. Es geht darum handlungsfähig zubleiben, was eine tägliche Herausforderung ist.

74

Wenn ich das Leben meiner Eltern betrachte, hatten auch sie ihre Gründe warum sie so geworden sind, wie sie waren. Beide waren traumatisiert. Was allerdings nicht entschuldigt, was mir angetan wurde. Das schlimme beim Trauma ist nicht nur das Traum selbst, sondern was maßgeblich und nachhaltig zur Traumatisierung geführt hat, was danach passiert ist, „Nicht - gesehen - Werden", „Damit - allein - gelassen - Werden", „Nicht - darüber - reden - Dürfen". Was sich auch im Leben meiner Eltern manifestierte. Schwierig ist es für mich zu unterscheiden, welchen Anteil meine Erfahrungen haben und wie weit die vererbten Traumata meiner Eltern eine Rolle spielen. Wahrscheinlich eine Mischung aus beiden. Ich habe mich aus meinem Familiensystem herausbewegt. Mich entfernt um mein eigenes Leben zu führen. Das war viel Arbeit und hat mich viel Zeit und Energie gekostet, aber es hat sich gelohnt. Ich würde nie behaupten, dass ich vollkommen geheilt bin. Es ist ein Prozess der mich ein Leben lang begleiten wird. Es gibt gute und schlechte Tage, sowie bei jedem anderen Menschen auch. Das Trauma hat mein Leben bestimmt und wird es immer mal wieder tun. Aber das Trauma mit all seinen Facetten, den Krisen und der Auseinandersetzung hat mich auch zu der gemacht die ich heute bin. Eine Frau, die viel geschafft hat, durch die Bewältigungsprozesse viel gelernt und erfahren hat. Ein Art Expertin auf diesem Gebiet. Was mir hilft diese erlernten Stärken und Fähigkeiten gut in meinem beruflichen Umfeld einzusetzen. Ich habe ein gutes Gespür für Menschen und bin empathisch. Meine sehr feinen Antennen helfen mir die Befindlichkeiten eines Menschen leicht zu erfassen. Schon als Kind musste ich eine Beobachtungsgabe entwickeln, um abzuschätzen, wie mein Gegenüber drauf ist und ob Gefahr droht.

Was mich verstummen lässt ist die Aussage „das

kann doch alles nicht so schlimm gewesen sein, dir geht es doch heute gut". Es sind leider nicht nur die Menschen, die einem das zu verstehen geben, sondern oft ist man es auch selbst.

Ich befinde mich in der späten Lebensphase zwischen Vitalität und Endlichkeit. Eine mir noch, wie viele andere vorher auch, unbekannte Lebensphase. Ich bin neugierig wie mein Weg weitergeht. Mein Weg hat sich bisher von anderen Wegen unterschieden. Auf Umwegen habe ich viel gelernt und hoffe, noch mehr zu lernen und zu erfahren. Hinfallen, wieder aufstehen und weitergehen.

75

Mit dem Hinfallen und Aufstehen bin ich zur Zeit wieder mal beschäftigt. Im August 2020 tat mir in der linken Hand der Zeigefinger weh. Ein einschießender Schmerz der sich öfters meldete, ich nahm ihn wahr und vergaß ihn schnell. Dem ganzen schenkte ich keine große Bedeutung. Wir fuhren ein paar Tage nach Berlin und in dieser Zeit meldete sich mein Finger nicht. Wieder zuhause fingen dann alle Finger an zu Kribbeln und zu Schmerzen. Ich ging zur Vertretung meiner Hausärztin, die ein Blutbild machte, um festzustellen ob ein Rheumafaktor vorliegt, was nicht der Fall war. Danach machte ich einen Termin bei meinen Orthopäden, der mich zum

Neurologen überwies, Verdacht auf Karpaltunnelsyndrom. Die Untersuchung ergab keinen Befund. Nachdem ich so schnell bei meinem Orthopäden keinen Termin bekam und völlig verzweifelt war, Schmerzen hatte, schaute ich mich nach einem neuen Orthopäden um und bekam innerhalb von zwei Tagen einen Termin. Dieser Orthopäde machte eine Röntgenaufnahme von meiner Hand und sagte, dass er nichts auffälliges sieht und dass es eine degenerative Alterserscheinung ist, dass man dagegen nichts tun kann. Ich hätte ja schöne Hände. Also Arthrose, dieses Wort verwendete er nicht. Das hat mich sehr verunsichert und die Schmerzen wurden schlimmer. Ich machte ihn auch auf meine Füße aufmerksam, die mir sehr weh taten. Die Antwort: „Das ist was anderes". Ich drehte mich um und ging frustriert aus der Praxis. Danach machte ich einen Termin bei meinem alten Orthopäden aus und musste zwei Wochen auf diesen Termin warten.

76

Eine Woche später begannen die Herbstferien und ich hatte mit Laura abgemacht, dass ich sie in Paris besuche. Leider unmöglich, denn Paris hatte zu dieser Zeit sehr mit Corona zu kämpfen. Nachdem Österreich offen war, planten wir nach Graz zufahren. Zwei Tage vor Anreise verkündete

Österreich ab dem 3.11.20 den Lock-down light. Kurzfristig entschieden wir uns, unsere Ferien in unserer Wohnung in Schwerting in Österreich zu verbringen. Laura flog wie geplant von Paris nach Wien, ließ den Flug nach Graz verfallen und fuhr von Wien aus mit dem Zug nach Salzburg. Dort holten wir sie vom Bahnhof ab. Mit Peter verbrachten wir noch ein Wochenende zusammen, der dann wieder nach München abreiste und uns wie geplant alleine ließ. An diesem Wochenende konnten wir zum letzten Mal ein Café besuchen. Danach begann der Lock-down und nur noch die Geschäfte hatten offen.

Das ganze war am Anfang überschattet von meinem Schmerzen, die mich auch sehr müde machten. Trotz allem wollte ich eine schöne Zeit mit Laura verbringen, was dann auch gelang. Laura war und ist immer noch davon überzeugt, dass meine Schmerzen von der Psyche herkommen, so wie vor fünf Jahren in meinen Gesicht. Nicht nur Laura sondern auch Peter und meine Freundinnen. Leider fällt es mir schwer, dies zu glauben. Fast jeden Tag machten wir in dieser Woche einen Ausflug. Unser erster Ausflug war Salzburg. Bus und Bahn brachte uns problemlos dorthin. Salzburg war an diesem Tag eine Geisterstadt. Kaum ein Mensch war unterwegs. Einen Abend zuvor am 2. 11. 20 gegen 20 Uhr ereignete sich ein Terroranschlag im

Ausgehviertel „Bermuda-Dreieck" am Wiener Schwedenplatz. Bei dem terroristischem Amoklauf wurden vier Personen getötet und 23 weitere teils schwer verletzt. Für die Tat ist der 20jährige Kujtim Fejzulai verantwortlich. Wir verfolgten die Berichterstattung am Bildschirm. Das Fassungslose und die Angst war an dem darauffolgenden Tag in Salzburg spürbar. Nachdem alles leer und spannungsgeladen war, machten wir uns auf den Weg zum Einkaufszentrum mit der Hoffnung, dass wir uns dort etwas zu Essen kaufen können. Was sich als schwierig herausstellte. Essen und Trinken innerhalb des Zentrums war verboten. Es blieb uns nichts übrig mit unserem Kaffee und Kuchen eine Bank vor dem Einkaufszentrum zu suchen, was uns im zweiten Anlauf gelang.

Der nächste etwas komplizierte Ausflug war nach Braunau. Normalerweise ein wunderschönes Städtchen, mit vielen Cafés, die leider wegen des Lock-downs geschlossen waren. Nach langem Suchen und innerstädtischer Busfahrt entdeckten wir einen Mc Donalds, wo wir uns einen Cappuccino kaufen konnten. Das war unsere Rettung. Wie schön war es dann, abends in die warme Wohnung zurück zu kommen und bei einer Kerze und Tee intensive Gespräche mit Laura zu führen. Den Rest der Woche blieben wir in der Nähe und wanderten viel.

Meine Schmerzen waren immer präsent und machten mir Angst. Laura kümmerte sich intensiv um mich. Der Urlaub ging dem Ende zu und ich fühlte mich erschöpft von meinen Schmerzen. Danach machte ich nach langer Zeit einen Termin bei meiner Therapeutin aus, was mir sehr schwerfiel. Sie sagte einfach weitermachen, machte mit mir einen Rollentausch. Ich bin Beraterin und Frage die Klientin „haben sie schon Erfahrung mit solchen Schmerzen gemacht? Wenn ja, wie sind sie damit umgegangen?". Das war ein guter Schachzug, denn ich erinnerte mich wie ich vor fünf Jahren damit umgegangen bin. Die Therapeutin glaubt, dass ich alles richtig mache und dass es mit meinen Buch zusammen hängt, das ich aktuell schreibe und keine Ende finde. Sie machte mir Mut weiter zu schreiben. Nach der Stunde hat ich etwas Hoffnung, was nicht lange anhielt. Es blieb vorerst bei dieser einen Therapiestunde.

Ich war froh, dass ich bald einen Termin bei meinem Orthopäden hatte. Nachdem ich die Uhrzeit etwas schlampig in meinen Kalender eintragen hatte, rief ich deshalb einen Tag vorher in der Praxis an. Die Sprechstunde teilte mir mit, dass mein Termin eine Woche vorher war. Also in meiner Ferienwoche. Ich war schwer enttäuscht und musste nochmals zwei Wochen warten. In diesen Wochen war ich nur im Internet am recherchieren und die Schmerzen wurden immer stärker. Oft war ich verzweifelt wenn die Schmerzen kamen und ich spürte eine tiefe Trauer in mir. Entlastend war, dass ich endlich den Termin beim meinen Orthopäden wahrnehmen konnte.

Die Röntgenaufnahme nahm ich mit. Der Röntgenaufnahme von meinen Händen schenkte er keine Aufmerksamkeit und fragte auch nicht nach. Ich hatte das Gefühl, dass er nicht davon begeistert war, dass ich bei einem anderen Orthopäden war und auch noch den Termin bei ihm verschlampt habe. Von den Füßen machte er dann eine Röntgenaufnahme, nichts auffälliges, ein wenig Arthrose. Inzwischen war auch der Bericht vom Neurologen bei ihm angekommen. Der Neurologe schrieb Missempfindungen an beiden Händen. Vor lauter Aufregung und schlechtes Gewissen, dass ich bei einem anderen Arzt war, habe ich vergessen zusagen, dass auch meine Knie knacken und manchmal wehtun. Mit einem Rezept für Einlagen ging ich frustriert nach Hause. Ich kam mir sehr hilflos vor. Danach fingen meine Hände und Finger an wie Feuer zu brennen. Vor allem im Daumensattelgelenk. In meiner Verzweiflung machte ich einen Termin beim Handspezialisten aus. Der erste Arzt der meine Hand angeschaut hat. Die Röntgenaufnahme vom Orthopäden war eine Kopie, wo er schlecht etwas erkennen konnte. Er meinte eventuell ein kleiner Spalt im Daumensattelgelenk oder es kann auch eine Dysfunktion sein. Er gab mir ein Rezept für Ergotherapie. Eine Woche vor Weihnachten hatte ich dann den ersten Termin bei der Ergotherapie. Die Therapeutin stellte fest, dass meine Finger sehr beweglich sind, spürbar etwas Arthrose im rechten Daumensattelgelenk. Das Brennen konnte sich die Therapeutin nicht erklären. Die nächste Therapeutin sagte, dass man am Anfang der Arthrose oft keine Diagnose stellen kann. Beide haben sich sehr bemüht und hinterher ging es meinen Händen und mir sehr gut.

Ich lasse mich was meinen Körper betrifft schnell verunsichern. Wenn jemand etwas negatives sagt bin ich geknickt, sagt jemand etwas positives bin ich freudig und die Schmerzen sind weniger. So mache ich mich abhängig von Anderen und verliere das Vertrauen in meinen Körper. Ich dachte das alles habe ich überstanden, mein Körper sagt was anderes. Es fällt mir schwer wahrzunehmen was er mir sagen möchte. Ich habe Angst, dass die Arthrose mich in der Zukunft unbeweglich macht. Auch hier spüre ich die Hilflosigkeit, trotzdem ich sehr viel tue um dem entgegen zu wirken. Das belastet mich. Ich habe dann Phasen am Tag wo ich starr auf dem Sofa sitze und nur noch mit meinen Händen beschäftigt bin, was zum Glück nie lange dauert. Manchmal bin ich unsicher, ob es nicht doch zusätzlich mit der Psyche zusammenhängt, was für mich auf den ersten Blick einfacher wäre als eine chronische Krankheit. Wäre es dann einfacher? Sicherlich nicht. Aber der Gedanke daran ist für mich schon einmal ein Anfang.

Ein Bild, dass sich mir vor einiger Zeit vor meinem inneren Auge aufdrängte:

„Ein Haifischbecken in dem ich in der Mitte immer wieder im Kreis schwimme. Außerhalb des Kreises schauen mir die Haifische grimmig und kontrolliert zu. Ich fühle mich bedroht und schaue erst gar nicht hin, schwimme immer weiter im Kreis."

Dieses Bild hat sich inzwischen verändert. *„Ich bleibe in der Mitte vom Becken stehen, schaue mich um und die Haifische verwandeln sich in Delphine die lustig nach oben springen."*

Eine starke Veränderung. Kann es sein, dass das Bild mir zeigt, innehalten, nicht wegzulaufen und meine Umgebung trotz allem bewusst wahrzunehmen? Ich bin mir nicht sicher.

Manchmal kann ich nicht glauben, dass das Naheliegende eventuell der Schlüssel zu mir ist. Zur Zeit ist die Angst sehr groß, was sich stark in körperlichen Schmerzen, mit oder ohne Diagnose zeigt. Nach den Arztterminen war mir klar, dass ich beweglich bleiben möchte und seitdem täglich Übungen für die Hände, Füße und Knie mache.

Auch Naturheilmittel unterstützen den Prozess, von dem ich nicht weiß wo er hinführt.

77

Seit 16.Dezember 2020 befindet sich Deutschland wieder im Lock-down. In Bayern mit einer nächtlichen Ausgangssperre zwischen 21.00 und 5.00 Uhr. Ab 11. Januar 2021 wurde der Lock-down bis zum 15.Februar und anschließend bis zum 7. März, mit schärferen Kontaktbeschränkungen verlängert. Bisher konnten sich zwei Haushalte treffen, ab 11.Januar darf man nur noch eine Person treffen. Danach wieder Verlängerung bis 28.März. Die dritte Welle der Pandemie ist im Anmarsch und Deutschland befindet sich im Impfchaos. An Gastronomie ist noch lange nicht zudenken. Seit dem Frühjahr 2020 hat es Zoom geschafft, ein Weg sich beruflich und privat zu treffen, was langsam für jeden eine Belastung wird. Die Sehnsucht nach Präsenz ist groß. Inzwischen ist es April und wir befinden uns immer noch im Lock-down. Die dritte Welle ist da und ich habe bereits zwei Impfungen hinter mir.

Es folgte ein Sommer, von dem wir glaubten, die Pandemie sei überstanden. Viele hatten, wie auch ich die zweite Impfung und fühlten sich sicher. Dann kam der Herbst mit einer neuen Virusmutation, „Omnikron", mit der Aufforderung nach einer Booster Impfung, da der Impfschutz nach sechs Monaten nicht mehr die Wirksamkeit hat. Es wurde auch sichtbar, dass die Impfquote nicht sehr hoch ist. Querdenker und Impfgegner veranstalteten Demos, die nicht immer gewaltfrei stattfanden. Es gibt zwei Lager, die sich bekämpfen, es geht um impfen oder nicht impfen. Diese Spaltung der Gesellschaft war schon vor Corona da, die Pandemie hat sie nur sehr zum Vorschein gebracht. Ich bin geboostert und hoffe, sollte ich an Corona erkranken, dass die Symptome abgeschwächt sind. Es gibt keine Sicherheit, das hat uns die Pandemie gelehrt.

78

Nachdem meine Hausärztin nicht mehr praktiziert machte ich einen Termin bei einem Internisten zum Gesundheitscheck. Er untersuchte mich sehr gründlich, was gut war, aber mir Panik machte. Am Ende der Untersuchung hatte ich einen Blutdruck von 180. Zwei Tage später wurde mir Blut abgenommen und ich war in Erwartungsangst mit meinem Blutdruck, der an diesem Morgen 150 war. Anschließend machte der Arzt noch einen Ultraschall vom ganzen Körper. Er stellte fest, dass in der Bauchaorta Plaque sichtbar ist. Das machte mir große Panik. Mit meinem Blutdruck hatte ich nie Probleme und dann noch der Plaque. Auch machte mir der Arzt Angst wegen meiner

Osteoporose. Er meinte ich sollte unbedingt
Biosphonate einnehmen. Ich hatte das Gefühl ich
drehe mich im Kreis wie vor fünf Jahren. Danach
recherchierte ich ständig im Internet. Am Ende
des Tages hatte ich am ganzen Körper Schmerzen,
Herzklopfen und war verzweifelt. In der
darauffolgenden Nacht wurde mir bewusst, dass
es so nicht mehr weitergehen kann. Seit meiner
Kindheit bin ich mit meinem inneren Stress
beschäftigt. Angst macht Stress. Durch chronische
Anspannung kann der Blutdruck steigen, was sich
bei mir nur beim Arzt bemerkbar macht, das man
umgangssprachlich „Weißkittelsyndrom" nennt.
Mein Körper zeigt mir, dass es höchste Zeit ist
etwas zu verändern. Aber was??? Später wurde
mir bewusst, dass ich unterschätzt hatte, auf
Grund meiner Geschichte, von einem Mann
untersucht zu werden. Das nahm ich mir zu
Herzen und suchte mir eine Ärztin.

79

In einer Zoom Fortbildung kam ich wieder an den
Punkt, an dem ich das Gefühl hatte nicht zu
genügen, was ich ja schon kenne. Nur dieses Mal
spürte ich ganz deutlich wie mich in dieser
Situation die Angst im Griff hat und mich
blockiert. Bisher wusste ich, dass es mir
manchmal schwerfällt in so einem Setting mich
mitzuteilen, bzw. mir nichts einfällt was ich sagen

könnte. Dieses Mal wurde mir bewusst, dass ich nicht mehr zuhören konnte, neben mir stand und innerlich nicht mehr anwesend war. Hinterher war mein Körper ausgekühlt und mir fehlte die Wärme. Ich hatte mich und meinen Körper verlassen.

Mit dem Ärztemarathon ging es weiter. Kontrolltermin beim Orthopäden. Inzwischen tat mir auch der untere Rücken weh. Er machte eine Röntgenaufnahme von meinem Knie und dem unteren Rücken. Nichts auffälliges im Knie. Die Aufnahme vom unteren Rücken war verschwommen und nichts war zuerkennen. Daraufhin überwies mich der Orthopäde zum MRT, was ein Albtraum für mich ist. Schweren Herzens nahm ich den Termin zeitnah war. Es wurden die Lendenwirbelsäule, das Becken und das Iliosakralgelenk untersucht. Das ganze dauerte fast eine Stunde und ich hatte das Glück, dass ich mit dem Kopf nach außen lag. Danach teilte mir der Arzt mit, dass sich in meinem Bauch zwei große Myome befinden und er vermutet, dass die meine Schmerzen auslösen. Ich wusste, dass ich Myome habe, war aber erschrocken über die Größe. Bisher hatte ich nie erfahren welchen Umfang sie haben. Myome sind gutartige Geschwülste, machen nur dann Schwierigkeiten wenn sie Beschwerden verursachen, die die Lebensqualität beeinträchtigen. Völlig geschockt ging ich nach Hause. Es war Freitagnachmittag und ich rief meine Frauenärztin wegen einem Termin an. Ich sollte noch zwei Wochen auf den Termin warten. Doch schaffte ich es nicht solange auf den Termin zu warten, meine Ängste wurden mehr und mehr.

Wie so oft war ich wieder im Internet unterwegs und fest davon überzeugt, dass mir eine Gebärmutterentfernung bevor steht, was die Schmerzen noch verstärkte. Montag rief ich nochmals in der Praxis an und ich bekam einen Nottermin für den nächsten Tag bei einer mir noch nicht bekannten Frauenärztin, was mich erleichterte. Sie untersuchte mich sehr gründlich und kam zu dem Ergebnis, dass sie sich nicht vorstellen kann, dass die Myome mit meinen Rückenschmerzen zu tun haben. Sie sagte, dass sie keinen Grund sieht sie zu entfernen, was eine Gebärmutterentfernung notwendig machen würde und dass ich in drei Monaten zur Kontrolle wieder kommen soll. Im Moment konnte ich das gar nicht glauben, ich war ja fest davon überzeugt, dass ich eine schlimme Diagnose erhalte. Nach der Freude über das Ergebnis kamen dann die Zweifel, ob doch etwas übersehen wurde. So ging es täglich weiter, ist es der Rücken der schmerzt oder sind es doch die Myome. Durch die Wiederentdeckung der Myome und meiner Gebärmutter bin ich heute gezwungen mich mit meiner Weiblichkeit auseinanderzusetzen. Was ich in der Vergangenheit erfolgreich verdrängt habe. Ich spreche täglich mit meiner Gebärmutter und meinen beiden Myomen und bitte sie sich zu verkleinern. Durch meine inneren Bilder habe ich erfahren, dass meine Gebärmutter auch ein Raum ist in dem mein Trauma verortet ist, wo auch meine Tochter bis zu ihrer Geburt wohnte. Deshalb möchte ich sie auch nicht entfernen. Was noch hinzu kam, dass die Schmerzen in die rechte Leiste ausstrahlten. Ich war wieder bei Dr. Google unterwegs. Eine Woche später hatte ich einen Termin zur Besprechung des MRT beim Orthopäden. Verschleiß an der LWS Osteochondrose und degenerative Veränderung des Hüftgelenks. Es ist genau das eingetreten wovor ich sehr große Angst habe, Arthrose im Hüftgelenk usw. Bisher noch harmlos, aber ich weiß nicht wie es fortschreitet. Das alles macht mir große Angst. Jeden Abend habe ich mit einer depressiven Stimmung zu kämpfen und die Angst ist so stark, dass ich in diesen Momenten keine Zukunft mehr vor mir sehe. Die Aussicht auf noch mehr Schmerzen macht mich lahm und die Angst, die dann aufkommt, ist ein Schmerzverstärker. Ja, ich bin nicht mehr jung und es ist normal, dass im Alter Verschleißerscheinungen auftreten. Also wird der Weg sein dies zu akzeptieren, anzunehmen und gut für mich zu Sorgen. Unser

Leben ist immer mit einem Restrisiko verbunden. Deshalb muss ich lernen mit Ungewissheiten zu leben.

Ich habe das Gefühl, ich bin wieder am Anfang meines Buches angelangt, wie alles begann. Es ist inzwischen eine Menge passiert, ich habe viel gelernt, meine Gesichtsschmerzen sind teilweise verschwunden und doch habe ich immer noch mit Schmerzen und Ängsten zu kämpfen. Im wahrsten Sinne des Wortes ich kämpfe. Die übermäßige ängstliche Besorgtheit vor scheinbaren Gefahren beherrscht und bedroht mich. Die Angst hat sich mal wieder kräftig zu Wort gemeldet. Kürzlich hörte ich, dass man sagt: „Einmal Alkoholiker, immer Alkoholiker - einmal eine Angststörung, immer eine Angststörung." Für mich gibt es kein schwarz oder weiß, sondern es liegt in meiner Hand wie ich damit umgehe.

80

Mit viel Scham und Herzklopfen machte ich im April 2021 wieder einen Termin bei meiner Therapeutin, was mir schwerfiel. Ich glaubte versagt zuhaben und nicht weitergekommen zu sein, was aber nicht stimmte. Meine Seele brauchte die Zeit den Weg weiterzugehen. Ich habe mich ernst genommen und mich mit meiner Therapeutin weiter auf den Weg gemacht. Mit meinen Körper war ich im Krieg. Das bedeutete

Habachtstellung, den Feind kontrollieren. Mein Körper ist nicht mein Feind, ich machte ihn dazu. Meine größte Erfahrung war die wahre Begegnung mit meinem inneren Kind. Bisher war mir, wie schon beschrieben, das innere Kind bewusst, aber es fehlte der tiefe Kontakt zu ihm. Ich fing an mich ihm zu nähern, es zu trösten und als liebevoller Erwachsener zu beschützen. In meiner täglichen Meditation nehme ich Kontakt mit meinen inneren Kind auf. Erfahren habe ich, dass das Kind Zeit braucht seinen Schmerz oder auch seine Freude mitzuteilen. Es ist so verletzt worden, dass es erst wieder lernen muss zu vertrauen. Wir beide schaffen das. Das Gefühl ich bin nicht mehr allein, da ist noch ein Kind, das mich erinnert, was ich alles erlebt und ausgehalten habe, gibt mir ein Stück Sicherheit. Wenn ich ihm nicht die Zuwendung und den Trost gebe die es braucht, macht es sich in Form von Schmerzen bemerkbar. Im Körper sind die Erinnerungen gespeichert. Anfangs hatte ich nach jeder Therapiestunde das Gefühl, ich weiß nicht mehr was passiert ist. Einen Tag später war es dann wieder da. Es war soviel, dass ich oft das Gefühl hatte, ich drifte ab. Abspaltung, wie schon berichtet, war als Kind mein Schutzmechanismus, der mir half zu vergessen und mich in eine Phantasiewelt zu flüchten. Ich hatte das auch bei Kleinigkeiten zum ersten Mal ganz bewusst wahrgenommen, Es hatte sich im Laufe meines Lebens verselbstständigt, ohne dass ich es wahrnahm. Jede Stunde nähere ich mich meinen Trauma und fange an meine Geschichte zu verstehen und daran zu glauben, auch wenn zwischendurch immer wieder Zweifel kommen, ob das auch alles stimmt, gebe ich nicht auf. Ich spüre tief in mir, dass ich sehr nahe an meinem Trauma bin und als Gegengewicht die kleine Vera anschaue wie sie vor dem Missbrauch war. Sie hat Kraft, Ausdauer, Freude und ist Neugierig. Leider spaltet man bei einem Trauma nicht nur das Schlimme ab, sondern auch das Gute. Meine Aufgabe ist es aktuell das Gute auszugraben, achtsam zu sein was sich zeigt im Alltag. Wenn ich meiner Vergangenheit die Macht über die Gegenwart gebe, gebe ich den Täter/innen wie damals die Macht über mich und meine Zukunft. Das möchte ich nicht. Im Nachfolgenden Übungen und ein Traum aus meiner jetzigen Therapie.

Ich stehe in der Glaskugel, verkrampft und nach rechts geneigt. Wende mich von links ab. Die Kugel ist sehr groß. Von außen schauen viele Menschen erstaunt zu mir. Das macht mir Angst, ich schaue unter mich und ziehe mich körperlich zusammen. Fühle mich nicht wohl, wie komme ich da raus. Irgendwann merke ich, das die Kugel nach unten geöffnet ist. Ich lege mich in der Kugel hin und klettere durch die Öffnung nach außen.

Die Menschen schauen nicht mehr erstaunt. Ich stelle mich zu ihnen und schaue was da mit dem Kind passiert ist.

Die kleine Vera liegt nachts im Bett, hört Schritte, verkrampft sich und hält sich die Ohren zu. Herzklopfen, Panik was passiert. Die kleine Vera flüchtet sich in eine Traumwelt. Am darauffolgenden Morgen fühlt sie sich mit ihren verklebten Augen müde, niedergeschlagen und erschöpft. Sie fühlt, dass was nicht stimmt und schämt sich in die Schule zugehen, wo niemand was merkt und auch nicht hinsehen möchte.

Ich liege schlafend als kleines Kind im Bett, höre Schritte, halte mir die Ohren zu. Drehe mich auf die Seite und nehme meinen Bär in meine Arme. Ich spüre Angst, verkrampfe mich, halte die Luft an und flüchte mich in eine Traumwelt.

Traum: Ich sehe meine rechte Hand und erschrecke, dass meine Fingerkuppen direkt an meiner Hand angewachsen sind. Es fehlen die Fingerglieder. Auch fällt es mir schwer die Finger zu spreizen. Ich erschrecke und werde wach.

81

Die Weltlage hat sich seit einigen Tagen verändert. Dass die Russen die Ukraine angreifen und einen Krieg begonnen haben, ist unfassbar. Krieg in Europa, das meine Generation sich nicht vorstellen konnte und die Welt nicht weiß wie es weitergeht. 2 Millionen Menschen sind seit zehn Tagen aus der Ukraine geflüchtet. Vor allem Frauen und Kinder. Krieg kenne ich nur aus Erzählungen. In diesem Zusammenhang erinnerte ich mich als 11jährige, wie ich wahrnahm und hörte wie besorgt die Erwachsenen über einen damals zu erwartenden Krieg sprachen, was ich nicht verstand. Es war die Kubakrise die vom 22. bis 28.Oktober 1962 stattfand. Damals bestand die Gefahr, dass in der Karibik der Dritte Weltkrieg ausbrechen würde. In Übereinkunft mit der kubanischen Regierung hatte die UdSSR Raketen mit Atomsprengköpfen, taktische Atomwaffen sowie 40.000 Mann auf der Insel stationiert, die unmittelbar auf die USA gerichtet waren. Nach einigen Verhandlungen konnte letztlich ein Ausgleich gefunden und der drohende Atomkrieg verhindert werden. Ich hoffe, dass auch jetzt ein dritter Weltkrieg verhindert werden kann. Die Tatsache ist, dass keiner weiß wie es weitergeht.

82

Ich beende dieses Buch mit der Einsicht, dass mein Herz da schlägt wo die Angst ist. Das bedeutet, dass sie mich schon ein Leben lang begleitet und mich auch oft beschützt hat. Es ist Zeit die Karin, wie sich meine Angst vor einiger Zeit vorstellte, als meine Begleiterin zu akzeptieren, sie anzuerkennen und zu verhindern, dass sie mein Leben stört und beeinträchtigt. Das beinhaltet auch Unkorrigierbares zu akzeptieren, was mir in meiner Kindheit angetan wurde. Dabei ist es wichtig das Akzeptieren nicht mit Aushalten zu verwechseln, das würde Widerstand erzeugen. Ich kann mein Elternhaus rückwirkend nicht verändern, aber die Bewertung des Verhaltens meiner Eltern. Was hätte ich damals gebraucht? Einen Menschen, der mir sagt: „Du bist wichtig und wertvoll für mich." Ein Mensch der nicht aufhört zu fragen und mich ansieht. Ein Mensch, der mich tröstet, der ehrlich zu mir ist und zu mir hält egal was kommt. Trotz allem bin ich an meiner verlorenen Kindheit nicht zerbrochen. Mir wird bewusst, das es Zeiten gab, da ich mich nicht traute gegenüber Fremden einen zusammenhängenden Satz zu sprechen, - und wo ich heute stehe. Eine großer Erfolg, den ich gerne noch mehr genießen möchte. Ich fange an zu würdigen und wertzuschätzen an mir was ich alles trotz Trauma und der daraus resultierenden Angst geleistet und gemeistert habe. **Es geht auch mit der Angst!** Aktuell bin ich bereit wieder intensiv an mir zu arbeiten. Völlig unterschätzt habe ich, dass es lange braucht ein Trauma zu integrieren. Darauf hat mich dieses Buch aufmerksam gemacht und in mir gewirkt. „Ja sagen" zu mir selbst. Ich möchte einem Stern folgen der strahlt, der mir die Richtung zeigt und mich auf meinem Weg begleitet. Möge die Übung gelingen.

Briefe die ich während meiner Therapie vor langer Zeit schrieb...

Liebes inneres Kind,

ich bin froh, dass es Dich gibt. Wir versuchen seit anderthalb Jahren uns zu vereinen. Für mich war es oft sehr schwer, denn ich verstand nicht wie es überhaupt gehen soll. Immerhin habe ich Dich trotz allem wieder gefunden. Bis dahin wusste ich nichts von Deiner Existenz. Von einem inneren Kind hatte ich schon öfters gehört, aber mir nicht vorstellen konnte, dass auch ich ein inneres Kind habe. Ja, ich hatte Dich verleugnet und verdrängt. Das tut mir in der Seele weh. Du hast viele Schmerzen und Demütigungen ertragen. Körperliche und seelische Gewalt. Du hast es mir in meinen Gesicht gezeigt, diese Schmerzen bist Du. Du willst Dich zeigen, was ich gut finde. Oft gehe ich über Dich hinweg, will einfach nicht sehen was Dich bewegt. Ich arbeite an meiner Achtsamkeit um Dich zu spüren. Ich fühle wie schwer es war für Dich als Kind. Du warst mit Allem sehr alleine. Ich möchte Dich als Erwachsene beschützen und Dir mitteilen, dass Du heute frei bist und keine Schmerzen mehr ertragen musst. Zur Zeit bin ich in einem

Meditationsseminar für fünf Tage und hoffe, Dir näher zukommen und Deine Gefühle zu erleben. Von Herz zu Herz, das wünsche ich mir sehr. Mit der Herzensöffnung können die Gefühle fließen. Ich habe den Mut hinzuschauen und ich weiß, Du willst mir die Wahrheit zeigen.
Dafür Danke ich Dir sehr. Bis bald, Vera

Meine Gefühle,

meine Gefühle sind wie Eiszapfen. Glänzend, brillant und schön anzuschauen für den Betrachter. Für mich sind diese Eiszapfen starr und kalt. Ich habe Angst, dass sie tauen und dass das Brillante verloren geht. Was passiert wenn sie schmelzen? Es regnet auf die Erde, es entstehen Pfützen und der Glanz ist nicht mehr sichtbar. Die Erstarrung löst sich auf und sucht sich ihren Weg. Ein ganz natürlicher Weg der begleitet ist mit Tränen, Trauer, Wut und auch mit viel Freude. Eine andere Form des Glanzes. Was passiert wenn ich die Wut und die Trauer auf meinen Vater zulasse? Es passiert nichts, außer, dass ich vielleicht freier, lebendiger werde. Was hindert mich daran die Eiszapfen zum Schmelzen zubringen? Es tut verdammt weh was mit mir passiert ist. Es übersteigt alles was ich bisher erlebt habe. Ich spüre, dass ich mich schützte vor dem was passiert ist, was mir nicht gut tut und mir viele körperliche Schmerzen bringt. Alle

Gefühle verstecken sich in meinem Körper. Ich spüre die Trauer und ein bisschen die Wut. Die Gefühle zeigen sich versteckt im unwohl sein und in der Stimmung. Sie sind da, das ist sehr, sehr gut. Ich möchte sie leben, das Eingefrorene tauen lassen. Dann bin ich nicht mehr glänzend und brillant von außen, sondern ich bin ich. Möge mir das Tauen gelingen.

Lieber Vater,

Du hast mich sehr oft belogen und ich habe es geglaubt. Du hast mich für dumm verkauft und mich auch dumm gemacht, um über mich die Macht zuhaben. Das schlimmste war, dass Du tatsächlich die Macht hattest mein Leben zu zerstören. Du hattest fürchterliche Angst, dass ich unser Geheimnis weitergebe. Deshalb auch die vielen Abwertungen, die mir heute noch sehr präsent sind. Ich hatte Dir vertraut und bin enttäuscht worden. Dieses ewige hin und her zwischen wegschmeißen und mich annehmen hat meine Seele beschädigt. Das von Dir auferlegte Schweigen hat sehr viel Stress in mein Leben gebracht. Seit zwei Jahren habe ich Schmerzen im Gesicht und in den Zähnen. Musste immer die Zähne zusammenbeißen, damit meine Gefühle wie Wut, Hass und Trauer sich nicht bemerkbar machen. Auf Dauer war es einfach zu viel. Ich bin froh, dass ich noch die Chance erhalten habe, meine Geschichte aufzuarbeiten. Das ganze schmerzt mich sehr, seelisch wie körperlich. Alles was sich in meinem Körper bemerkbar macht oder bei einer ärztlichen Untersuchung, lässt mich panisch werden und ich fühle mich ausgeliefert. Ich habe es satt, anzunehmen was Du mir vorsagst. Was mit mir passiert ist, ist Deine Schuld und nicht meine Schuld, ich war ein Kind. Du hast heute keine Macht mehr über mich. Heute bin ich erwachsen und arbeite an meinen Defiziten und Problemen. Ich habe auch schon viel erreicht und werde noch mehr erreichen. Das ist mein Ziel, für dieses Ziel übernehme ich die Macht. Ich habe die Macht über mich und nicht Du. Damit das klar ist. Grüße, Vera

Nachwort

was ich mit dem Schreiben des Buches bezweckte, hat sich aufgelöst. Das Einordnen und Verstehen meiner Biografie nach meiner Vorstellung bleibt eine Illusion. Immer wieder habe ich längere Abstände zwischen dem Schreiben gebraucht, um mich zu schützen. Eine Biografie zu schreiben ist Arbeit. Die Arbeit ist die Erinnerung, an der ich oft verzweifelte. Es hat mir Schmerz, Trauer und Kraft abverlangt. Erfahren habe ich, dass es beim Heilen nicht darum geht gesund zu werden. Es geht dabei um Hoffnung in der Hoffnungslosigkeit. Zu entdecken, dass es nicht auf das ankommt, was geschieht, sondern es kommt darauf an was ich damit mache. Was mir beim Schreiben zuteil wurde drückt im Nachfolgenden das Gedicht von Rumi aus.

Es gibt zwei Arten von Intelligenz:
Eine erworbene, die sichtbar wird,
wenn ein Kind in der Schule aus Büchern und Vorträgen
des Lehrers Fakten und Konzepte memoriert,
und Informationen aus den traditionellen
wie auch den neuen Wissenschaften zusammenträgt.
Mit einer solchen Intelligenz steigst du auf in der Welt.
Du wirst vor oder hinter anderen eingestuft,
je nach deiner Fähigkeit, Informationen zu behalten.

Mit dieser Intelligenz wanderst du in den Feldern des
Wissens herum und sammelst immer mehr Punkte
auf deinen Tableaus der Erinnerung an.

Es gibt jedoch noch eine andere Art von Tableaus, eine,
die bereits vollständig in dir enthalten ist.
Eine Quelle, die übersprudelnd ihre Begrenzung
sprengt.
Ein Gefühl von Frische in der Mitte der Brust.
Diese andere Intelligenz vergilbt weder, noch rostet
sie.
Sie ist im Fluss und muss sich nicht erst
durch die Leistungen des technischen Lernens
einen Weg von außen nach innen bahnen.
Diese zweite Art von Wissen ist eine Quelle,
die in deinem Innern entspringt und sich
von dort nach außen verströmt.

Rumi, persischer Dichter (1207-1273)